ユニオンジャックの矢

Union Jack Arrow

Terashima Jitsuro

大英帝国のネットワーク戦略

寺島実郎

NHK出版

ユニオンジャックの矢

——大英帝国のネットワーク戦略

はじめに――「全体知」としての英国理解への挑戦

最初にロンドンを訪れた一九七五年以来、私は四〇年以上も英国を観察してきたことになる。長期・短期の滞在を合わせ、五〇回以上も英国を訪れてきた。それだけ、世界を考察する上で重要な情報がロンドンに集積されているということなのだろう。この間の文献研究とフィールドワークで英国に関する考察を積み上げてきたわけだが、この本はその営為の凝縮でもある。

世界を動き回りながら気付いたことは、英国をグレート・ブリテン島に限定した欧州の島国と捉えてはいけないということである。この国のポテンシャルはネットワーク力にある。とくに、五二か国の英連邦を緩やかに束ねる隠然たる影響力、その中でもロンドンの金融街シティを中核に、ドバイ（アラブ首長国連邦）、ベンガルール（インド）、シンガポール、シドニー（オーストラリア）を結ぶラインを「ユニオンジャックの矢」とイメージし、その相関をエンジニアリングする力に注目すべきである。

その国を考える時、歴史の脈絡の中で、その国が培ってきたものを理解しなければならない。英国がその歴史の中で学び取った教訓、歴史の蓄積とは何か。括目《かつもく》すべきは、血なまぐさい革命と騒擾《そうじょう》の中から、安定した「立憲君主制」に至る英国流のデモクラシーの定着の過程、そして植民地主義、覇権主義を克服し、自らの影響力を温存する過程ということであろう。この本は、そうした問題意識を踏まえたものでもある。

日本と英国の縁も長く、深い。一六〇〇年の豊後の臼杵《うすき》に漂着したオランダ船リーフデ号に乗っていた英国人ウィリアム・アダムスが徳川家康に召し抱えられ旗本三浦按針《あんじん》となって御朱印船貿易で活躍して以来、四〇〇年以上の年月を重ねてきた。幕末、伊藤博文ほか長州ファイブが、英商社ジャーディン・マセソンの手引きで英国に密航したのが一八六三年、かの夏目漱石がロンドンに留学したのが一九〇〇年、その後、日本は日英同盟（一九〇二〜二一年）という「日英蜜月」の時代を迎える。この二〇年間こそ日露戦争から第一次世界大戦まで、「日本近代史の成功体験」といわれ、日本が列強の一翼を担う形で台頭したとともに、遅れてきた帝国主義国家に変質し、その後の戦争・敗戦を迎える伏線になった時代でもあった。

幻の名著といわれる『英国を視る』（一九八四年、講談社学術文庫、原書一九四〇年）を書いた松浦嘉一《かいち》（当時、東京高等学校教師、のち東京大学教授）が英国を訪れたのが一九三六年、二・二六事件の年であった。松浦は「欧州航路の船がひとたびわが国土を離れるや、ロンドンに着くまでの四十数日間に寄港する港という港は、地中海のナポリとマルセーユを除けば、どれもこれも英領、でなければ英国の勢力下にある」と書いている。いかに当時の英国の存在が重かったかである。

松浦が英国を去って四年後、日本は戦場でその英国と戦闘を交わすことになる。香港、シンガポール、ビルマ（現ミャンマー）、そしてインパールで英国軍とぶつかり、やがて一敗地にまみれる。この敗北者としての体験を通じて竹山道雄の『ビルマの竪琴』や会田雄次の『アーロン収容所』のような作品（第六章参照）が生み出され、英国を再考し始める。そして、英国の立憲君主制の「君臨すれども統治せず」に学んだ「象徴天皇制」をはじめ、戦後民主主義の教科書として英国を視るようになる。

そして、戦後なる時代が三〇年経った一九七五年、戦後生まれ日本人の先頭世代の一人である私がロンドンに降り立ったことになる。人は自分の生きた時代を背負って世界を見ることになる。この作品は私が生きてきた時代を通じて構築した英国に関する「全体知」である。英国という途方もない存在を体系的に理解する参考として、本書が読まれれば幸いである。

目次

第一章　英国との出会い

――一九七五年という年

ヒースロー空港に降り立つ――原体験としての英国

一九七五年七月、私は英国ロンドンのヒースロー空港に降り立った。一九七三年春に三井物産に入社したばかりで、ようやく入社二年後の夏を迎えたばかりだった。そんな若造に初めての海外出張の機会が与えられたのである。それから約四か月間にわたって英国に滞在し、自分なりにこの国の姿を理解しようと格闘することになる。このとき、ヒースローに近づくJAL機の窓から見えたテームズ川と重厚なロンドンの街並みを今も覚えている。

私にとって、ブレグジット（英国のEU離脱）には格別の思いがある。二〇一六年六月二三日、英国は欧州連合（EU）からの離脱についての賛否を問う国民投票を行った。その結果、わずかな差とはいえ離脱派が勝利し、世界に衝撃を与えたことは記憶に新しい。そして、ブレグジットを考えるたびに、一九七五年の夏を思い出すのである。あのとき英国は欧州共同体（EC）に加盟したばかりで、英国人はそこに希望を見出そうとしていた。それから四〇年が過ぎて、今度はECが発展したEUから出ていくというのである。

あとの章でも詳しく述べるが、第二次世界大戦終結後、二〇世紀の二度にわたる大戦の災禍《さいか》を省察した欧州では、域内の平和と安定を目指して、さまざまな統合の動きが起きた。一九五七年にはベルギー、フランス、ドイツ、イタリア、ルクセンブルク、オランダによって欧州経済共同体（ＥＥＣ）が誕生した。これに対して英国は当初参加せず、一九六〇年に自ら主導して、オーストリア、スウェーデン、スイス、デンマーク、ノルウェー、ポルトガルの六か国と欧州自由貿易連合（ＥＦＴＡ）をつくるなど、フランスとドイツが主導したＥＥＣとは一歩距離を置く姿勢を見せていた。戦勝国だった英国には、「英国が主導する欧州統合」にこだわる心理が存在していた。

しかし、その後の英国は経済の低迷もあり、次第に方針を転換し、一九六一年にＥＥＣ加盟を申請する。ところが、英国主導の欧州を警戒するフランスのド・ゴール大統領の拒否に遭うなどして、加盟がもたつく間に、ＥＥＣは一九六七年、欧州石炭鉄鋼共同体（一九五一年設立）、欧州原子力共同体（一九五七年設立）を発足させ、欧州共同体（ＥＣ）へと前進する。

英国のＥＣ加盟が実現したのは一九七三年のことである。その直後、中東戦争を機に七三年に石油ショックが起き、世界経済が大きく動揺するなか、英国国内にはＥＣ参加に対して早くも見直しの声が上がった。そして一九七五年、労働党のウィルソン政権はＥＣ残留を国民に問うことにしたのである。六月五日に国民投票が行われ、このときは残留賛成が六七・二％、反対が三二・八％という結果でＥＣ残留が承認された。

実はこの国民投票は英国史上初めての国民投票だった。その後、二〇一四年にスコットランド独立を巡る国民投票が行われた。しかし、これはスコットランド在住者を対象にした住民投票であり、二〇一六年の国民投票は英国全体では二度目の国民投票だったのである。

つまり、二〇一七年現在、四二年前のＥＣ残留を問う国民投票は、今回のＥＵ離脱を巡る国民投票の伏線となっており、歴史が一回転したとも言える。一九七三年のＥＣ加盟時にＥＣ賛成派は経済的な利益を強調したが、その後も保守党、労働党のどちらにもＥＣあるいはＥＵに対する反対派、あるいは懐疑派が根強く存在し、英国の主権が欧州統合によって損なわれる可能性を危惧する声は英国の「埋め絵」でもあった。

一九七五年の国民投票は労働党のウィルソン政権下で行われてＥＣ残留派が勝利し、二〇一六年の国民投票は保守党のキャメロン政権下で行われてＥＵ離脱派が勝利したわけだが、国民投票に至る流れは似通っていることに気付く。二大政党と言われる保守党、労働党のどちらもＥＵ懐疑派を抱え込んでいる状況で、そのときの政権与党の内部事情を背景に、首相が主導する形で国民投票を行い、それに勝利することで懐疑派に対してけじめをつけ、政権基盤を踏み固めようとしたという構図なのである。今回のブレグジットが「キャメロンの誤算」といわれ

［図1］ 欧州連合加盟国（2017年6月現在、28か国）

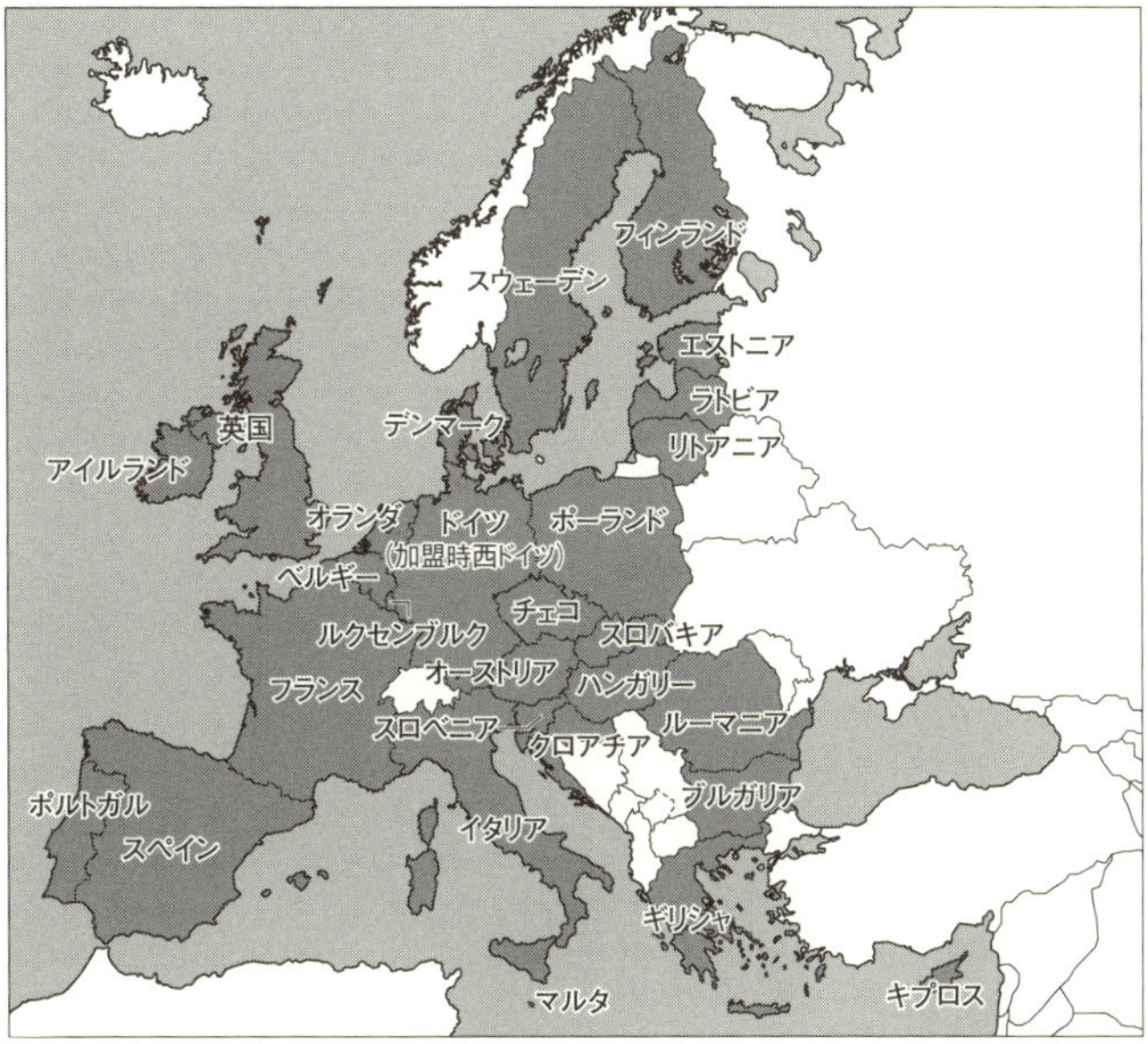

欧州連合の拡大の歴史

原加盟国（1952年）	ベルギー、ドイツ（加盟時西ドイツ）、フランス、イタリア、ルクセンブルク、オランダ
1973年加盟	デンマーク*、アイルランド、英国*
1981年加盟	ギリシャ
1986年加盟	ポルトガル、スペイン
1995年加盟	フィンランド、スウェーデン*、オーストリア
2004年加盟	キプロス、チェコ*、エストニア、ハンガリー*、ラトビア、リトアニア、マルタ、ポーランド*、スロベニア、スロバキア
2007年加盟	ブルガリア*、ルーマニア*
2013年加盟	クロアチア*

*印は2017年現在、ユーロを導入していない国

る理由はそこにある。

一九七五年のＥＣ残留を問う国民投票のあとも、絶えず英国は欧州統合に参加し続けるべきかどうか、国内世論の分裂に直面しながら舵を取ってきた。それが約四〇年後のＥＵ離脱決定にいたる底流としてずっと潜在し続けてきたのである。

私がヒースロー空港に降り立ったのは、まさに一九七五年の国民投票が行われた翌月の七月のことである。目的は、欧州の新情勢に対応する「欧州三井物産」の設立準備の応援だった。一九七三年に英国とともにアイルランド、デンマークが加盟し、ＥＣは当初の六か国から九か国となり、「拡大ＥＣ」と呼ばれる時代となっていた。七五年の英国の国民投票の結果を受けて、英国は今後もＥＣの一員としてやっていくという方向が揺るぎないものとなった。今後さらに欧州は一つになっていくという流れがはっきりと見えてきたのである。

英国と格闘した四か月

三井物産は戦前の旧三井物産のころから英国へ進出しており、ロンドンに英国三井物産という海外現地法人をつくり、欧州戦略への足がかりとしていた。そして、英国のＥＣ加盟を受けて、新たにロンドンに欧州全体の業務を統括する組織として、欧州三井物産を設置することになったのである。統括のためのルール作り、経営計画の策定など、欧州全体を統括する経営体制を構築するための企画部門が必要となり、その支援要員として私が指名されたのである。入社後二年経った私にとっては、思いもかけない機会だった。三井物産本社の経営企画部から英国に転勤していた先輩の水野《みずの》要《かなめ》氏が、私がそれまで行っていた経営分析の仕事を評価してくれ、東京本社の私の上司に頼み込んで応援出張という形になったのである。

一九七五年七月は、ロンドンにしては珍しいほどの猛暑だった。ヒースローに無事降り立った私はロンドン市内へ向かい、市街西部にあるサウス・ケンジントンのエベリンコートホテルに投宿した。一帯は高級住宅街で文化施設も多く、地下鉄の駅からすぐの整ったロンドンの街並みの中にある白い五階建ての建物のホテルは、いかにも威風堂々という感じだった。

ところが、実際に行ってみると、ホテルとは名ばかりの安宿で、私にあてがわれたのは、五階の屋根裏部屋のような一室だった。新入社員に毛の生えたような若造が泊まるには、それで十分だということもあるが、当時の為替レート（一ポンド＝六一八円）を考えれば、一泊一五ポンドでも約一万円、新卒給与の一週間分以上になるわけで、泊まれる限界だったと言える。五階全体が一種のシェアハウスのようになっていて、トイレは一つ、バスも一つ。長期滞在をしている四、五名の単身者がそれを共同で利用するというものだった。隣の部屋にはアメリカから来た黒人の女性が住んでいたが、男女の別なく、トイレも風呂も一緒に使った。若かった私にとっては、こんな世界が実際にこの世にあるのだと思い、軽い衝撃を受けた。

エベリンコートホテルに二週間滞在したあと、同じサウス・ケンジントンの地下鉄駅だが、反対側にあるチェルシー・クロイスターズという長期滞在用のホテルに移った。「クロイスター」とは僧院という意味で、昔、女子僧院だった場所を使って長期滞在用のホテルとして経営していた。後で知ったことだが、フレデリック・フォーサイスの小説を原作に映画化した『ジャッカルの日』で、主人公のジャッカルがド・ゴール大統領の暗殺に向かうまでロンドンで滞在していた場所としてこのホテルが使われていた。

私は帰国までの約四か月の間、そこに留まることになった。私にとっては初めての海外での長期滞在でもあり、その後の海外を舞台にした活動の原体験のようなもので、まさに英国と格闘した四か月だった。仕事が終わった後の先輩たちからの誘いを断りながら、ひたすら会社と本屋とチェルシー・クロイスターズを往復し、文献研究とフィールドワークの原型のような活動を行った。

例えば、アンソニー・サンプソンの名著『Anatomy of Britain（英国の解剖）』や、当時話題になっていたマイケル・シャンクスの『The Stagnant Society（行き詰まった社会）』といった本を買い込んでは、夜にホテルで読み込んだ。もちろん、休日には大英博物館やヴィクトリア&アルバート博物館、自然史博物館にも何度となく足を運んだ。自分自身のフィールドワークと文献によって、英国について少しずつ、爪を立てるように理解を深めようとしたのである。英国はすでに、超大国として君臨していた時代から急速に陰りを見せ始めてはいたが、まだ見上げるような存在であり、大英帝国の威光のようなものを感じ取りながら私は動き回った。そして、英国のさまざまな様相を、ほんの少しずつだが、嗅ぎつけ始めた四か月だったのである。

帰国後、私はこの滞在の総括として「英国に関する考察」という報告書をまとめた。出張報告ではなく個人的なメモランダムであったが、社内で、これはなかなか面白いので活字に残しておけという話になり、三井物産の業務旬報の別冊という形で小冊子となった。入社後二年経った若僧が書いた報告書を活字にして残してくれただけでも驚くような話だが、これを読んだ「中央公論」の編集長だった粕谷一希さんから執筆のお誘いを受けることになった。「英国に関する考察」を簡単なエッセイとしてみたらというのである。当時の「中央公論」には「東風西風」というコーナーがあり、そこに見開きのエッセイを執筆し、一九七六年五月号に掲載された。市販の雑誌に出た私の論稿としては初めてのものである。英国から帰国後、半年のことであった。原点を見つめる思いで、本章末に「中央公論」誌に掲載されたままの「「英国病」の症状とは?」と題した論稿を所収しておきたい(36〜39ページ参照)。

国際収支の天井――一九七五年の意味

私が最初にロンドンに足を踏み入れた一九七五年という年がいかなる年であったのか、その意味を再考察しておきたい。ロンドンに滞在していた私が英国を見上げるような存在として感じていた理由も、またこの一九七五年が世界史的にも大きな転機であったことも見えてくるはずである。

三井物産の大先輩に水上達三《みずかみたつぞう》という人がいた。水上達三は三井物産の戦後の中興の祖と言われ、戦後GHQによって解散させられた旧三井物産を再編統合に持っていった主役であった。その辣腕《らつわん》ぶりから「隼《はやぶさ》の達」とも呼ばれた。私が入社したころは三井物産の経営からは一線を引き、日本貿易会の会長を務めていた。直接三井物産の指揮をとっていたわけではなかったが、私は配属された調査部の一員として、彼の問題意識に沿った資料収集などの手伝いをすることがあった。そうした縁で、何回か中華料理などをごちそうしてもらいながら、叱咤激励をされた思い出がある。どういう話の流れだったたか、一九七三年の貿易統計について、水上さんは「寺島君、わかるか。日本の輸出がとうとう一日一億ドル、つまり年三六五億ドルを超したぞ。一日で一億ドルを輸出するということがどれほど大変なことか、君はわかるか」と言ったのである。

率直に言って、そのときの私には、水上さんが少し目頭を熱くしてまで語ろうとする真意はわからなかった。私が入社した一九七三年のわずか八年前、一九六五年の日本の輸出は八五億ドル、輸入は八二億ドルにしかすぎなかった。一九六〇年の輸出は四一億ドル、輸入は四五億ドル。さらに遡《さかのぼ》って戦争が終わって五年後の一九五〇年には輸出は八億ドル、輸入は一〇億ドルと輸出よりも輸入のほうが多かった。輸出できるものがなかったのだ。

このころの『経済白書』に毎年のように登場していたキーワードが「国際収支の天井」だった。国内経済が少し回復して景気がよくなると、海外からの輸入が増えて国際収支が赤字になってしまい、貿易収支は改善しなかった。そうした状態を「国際収支の天井」と表現したのである。輸入が増えても、それを上回る輸出があればよい。現在の日本人は産業力で築いた豊かな生活に慣れっこになってわかりにくいかもしれないが、当時はまだ自動車、鉄鋼、エレクトロニクスなどの外貨を獲得できる産業が育っていたわけではなく、海外に輸出するものがほとんどなく、買いたい物も買えない状態だった。

敗戦から四半世紀、貿易の最前線を支える商社で働く三井物産の先輩たちは、ニューヨーク駐在といっても、クリスマスツリーのランプや三条燕の洋食器などの見本をバッグに詰めて、冷たい応対を受けながら敗戦国の悲哀を噛みしめ、必死の思いでセールスをかけていたという。会社の中では「物資部門」と呼ばれていたが、雑貨の扱いが主力だったのである。そんな時代を越えてきた先輩たちにしてみると、七〇年代に入って日本の自動車や電気製品などが徐々に海外へ輸出されるようになり、一日の輸出が一億ドルを超えたというのは、実に感動的な出来事だったのだろう。今にして思えば、あのときの水上さんの気持ちがよくわかるのである。

「国際収支の天井」について言えば、一九七五年、私がロンドンに初めて乗り込んでいった年の日本の輸出は五六七億ドルまで拡大していたが、輸入のほうが五七九億ドルで、「国際収支の天井」はまだ張りついたままだった。天井が本当に取れて、日本が買いたい物を買える状態へと脱皮するのは、自動車、鉄鋼、エレクトロニクス、化学品の主要輸出産業がそろって、本格的に外貨を稼ぐようになった七〇年代後半からの話である。

一九七五年という世界史的転換点

さて、一九七五年という年であるが、私がロンドンに発つ三か月前の四月三〇日には南ベトナム（ベトナム共和国）のサイゴンが陥落《かんらく》した。アメリカのケネディ大統領が北ベトナム（ベトナム民主共和国）の共産主義勢力に対抗するとして、南ベトナムに派遣する軍事顧問を一〇〇〇人から一万六〇〇〇人に増やしたのが一九六一～六三年。一九六四年のトンキン湾事件を経て、アメリカは本格的に戦争に介入していったが、一九七三年にはベトナム和平協定が成立し、アメリカ軍の撤退が始まった。一九六一年から一四年が経って、南ベトナム最後の砦《とりで》でもあったサイゴンが陥落し、世界を揺るがしたベトナム戦争が終結した。私のように学生時代に「べ平連（ベトナムに平和を！　市民連合）」の運動や七〇年安保を近くに見て過ごした人間にとっては、ついにアメリカがベトナム戦争に敗れたのかという感慨が強く、世界が大きく変わり始めていることを強く感じたものである。盤石《ばんじゃく》に思えたアメリカの軍事力が、三角傘を被った「ベトコン」に勝てなかったのである。

ロンドン滞在の最中の八月四日には、クアラルンプール事件が起きた。日本赤軍がマレーシアの首都クアラルンプールにあるアメリカとスウェーデンの大使館を占拠し、職員ら約五〇名を人質にとったのである。当時は「アラブゲリラ」などという言葉が使われていたが、パレスチナ問題を巡り、イスラエル・アメリカに反発したアラブ過激派が活動を活発化させ、それに日本の左派の過激派が連帯して活動するなどという事態が発生していたのである。今では考えられないことだが、そのときの三木武夫内閣は、人命を優先するとしてテロリストの要求をのみ、拘置中の活動家五名を超法規的手段によって釈放した。しかも、七日には要求通り、五人を乗せて日本航空機が羽田・東京国際空港を飛び立ち、リビアへと運んだのである。

ちなみに私がロンドンへ飛んだのもこの羽田空港からである。成田・新東京国際空港（現・成田国際空港）の開港は一九七八年のことで、しかもシベリア上空を飛ぶルートは当時のソ連が領空の通過に制限を設けていたため、使えなかった。日本からヨーロッパへ向かう飛行機はアメリカ・アラスカ州のアンカレッジ空港を経由し、そこで一回給油してからロンドンに向かって飛ぶというルートをとるのが普通だった。私もアンカレッジ空港で、醬油の匂いに誘惑されて、日本での市価の五倍はしたであろうまずい「素うどん」を食べ、疲労困憊してヒースロー空港にたどり着いたものだった。

約四か月間のロンドン滞在の終わりごろには、フランスに先進六か国の首脳が集まり、初めての先進国首脳会議が開催された。ランブイエ・サミットである。日本からは三木武夫首相が出席した。二〇一六年に日本の伊勢志摩で開かれたサミットは第四二回にあたる。その最初の会合は一九七五年という年だったのである。先進国の一翼を担う国際会議にアジアで唯一の国として参加することは、当時の日本人の自尊心をくすぐるもので、一九六四年の東京オリンピック、一九七〇年の大阪万博、そして、このサミットへの参加と、戦後日本が上を向いて歩いていた時代の一つの節目だった。

　この年の日本の大ヒット曲には、小椋佳の「シクラメンのかほり」と沢田研二の「時の過ぎゆくままに」などがある。今でも鮮明に覚えているが、ロンドン滞在中、一度パリへ足を延ばしたが、なにげなく街のレコード屋に入ったら、沢田研二がフランス語で歌う『Mon amour je viens du bout du monde』（日本語の原曲は『巴里《パリ》にひとり』）のシングル盤が置かれていた。当時、フランスのヒットチャートのベストテンに入るほどの人気で、何やら心熱くなり、そのレコードを買ってしまった。初めてのサミットに日本の首相がフランスを訪れ、パリの街では日本人の歌手の歌うレコードが置かれている、そんな時代だったのである。

為替の魔術という視界

一九七五年の為替レートを見ると、一ドルが三〇五円、一ポンドが六一八円だった。一九七一年のニクソン・ショック（金・ドルの交換停止、ドル七・八九％切り下げ、日本円は一六・八八％切り上げ）を受けて変動相場制に移行したのが一九七三年のことであった。七一年までの固定相場制の時代は一ドル三六〇円、一ポンドは一〇〇八円というレートが戦後長く続き、ポンド切り下げが行われた一九六七年からは一ポンドは八六四円だった。

統計を調べてみると、一九七五年の日本の勤労者世帯の可処分所得は月額二一・五万円である。七〇年は一〇・四万円なので、わずか五年で二倍になるほど急速に増えていたことになるが、それでもようやく二〇万円になった程度である。その後、一九九七年の四九・七万円を頂点にして、二〇一六年は四二・九万円である。それを見ると、日本の勤労者はこの二〇年間で「貧困化」の流れの中にあるのだが、一九七〇年代は可処分所得が五年で倍になるという勢いの中にあったわけで、まさに右肩上がりの時代であった。

私が入社したてのころの給料は、一〇万円前後だったように記憶している。池田勇人内閣によって国民所得倍増計画が発表された一九六〇年の大卒初任給は一万三〇〇〇円ほどである。これでは為替換算で三十数ドル、十数ポンドにしか過ぎない。

一九五〇年代にニューヨークやロンドンに駐在した会社の先輩たちに話を聞くと、現地での苦労話が尽きることがない。為替レートもあり、物価に比べて給料が非常に安いため、ろくな家具を買えずにミカン箱を机代わりにして書き物をしていたという人もいる。また、とても一家に一台の自動車を持つことができないので、社員数人でシェアするのが当たり前だったという。夫が仕事を終えたあと、仲間たちでマージャンなどをして遅くなると、夜中の一時、二時に電話がかかってきて、妻たちが泣き泣き眠い目をこすりながら車で迎えに行ったという話もある。三年の駐在を終え、「せめてゴルフのセットを手に入れて帰国したい」と思っていたという。

やはり一九五〇年代、ロンドンに出張したある先輩は、記念に残るようなお土産をと考え、悩んだあげく高級陶磁器のウェッジウッドのティーカップを一客買って帰った。値段は二五ポンド。当時は一ポンド一〇〇八円の時代なので、およそ二・五万円である。当時の平均給与が月一万円と考えると実に二・五か月分になる。当時の外貨不足の日本では、外貨割当制度があり、また個人の自由な渡航は許されず、しかも渡航時には持ち出せる外貨に厳しい制限があった。買って帰ったティーカップの一客はまさに家宝であり、神棚ならぬ飾り棚に鎮座し続けた。以来、この先輩は英国に行くたびに同じティーカップを一客ずつ買いそろえたという。

驚くのは、ウェッジウッド社は今日でも当時とまったく同じデザインのティーカップを売っていることである。これも英国の奥深さを表すことの一つかもしれない。現在、同じものが一客六〇ポンド以上するが、仮に一ポンド一五〇円で計算しても、一客一万円にはならない。高級陶磁器ではあっても、普通の生活水準の日本人なら手の届かないようなものではなく、清水の舞台から飛び降りるような決断で、二か月半の給料を投入して購入するような緊迫した話ではない。世界経済の中でその国の通貨が強くなったり、弱くなったりすることの悲哀を感じさせるとも言えるが、これこそが「為替の魔術」なのである。

今日、日本人が海外に自国の通貨である円を持って行き、銀行やホテル、街の両替所など、為替交換を行っているところで差し出せば、すぐに現地の通貨に替えてくれるはずである。しかし、一九七五年当時のロンドンでは日本円をポンドに替えようとしても、例えば三井銀行といった邦銀の出先機関でなければ日本円を受け取ってくれなかった。今であれば、クレジットカードを使えばよいという発想もある。しかし、当時のカードの普及率はまだ低く、ＶＩＳＡカードやアメリカンエキスプレスカードを持っている日本人は数少ない状態だった。

そこで、私は盗難などへの用心を兼ねて、日本の富士銀行で円をトラベラーズチェック（外国旅行者向け小切手）に替えて持って行くことにした。ところが、週末にリバプールに行ったときのこと、ホテルでトラベラーズチェックを差し出すと、「フジ銀行？……これはフィジー島の銀行か」と受け取りを拒否されたのである。円の国際的な信用度はまだなく、ましてや富士銀行の名前を英国で知っている人はまずいなかった。そうした悲しい体験の後、ホテルから外へ出てふと通りを見ると、目の前にダットサンの車が止まっていた。当時、日産は「ダットサン」というブランドで、世界に車を輸出し始めていた。ホテルでの出来事ですっかり意気消沈していた私は、「海を越えて日本の車がここまで来たのか」と、ダットサンのロゴを撫でたいくらいにいとおしく思ったものである。

私がロンドンで過ごした一九七五年当時、一ポンドは前記のごとく六一八円であった。変動相場制に移行し、一〇〇八円のときよりは円の価値が上がっていたものの、自分の感覚からすると、何もかもが異様に高く感じた。新入社員レベルの給料で、限られた出張手当しかない自分からすると、街中で食べる物も高く、とくに日本食は目の玉が飛び出るほどであった。日本食レストランもあったが、納豆が日本円で一〇〇〇円以上もした記憶がある。それでも帰国が迫ってくると、せめてお土産の一つぐらい買って帰らなければならないし、記念になるようなものを買わねばと思うようになった。ロンドンのピカデリーサーカスの近くには当時から土産物屋が何軒もあり、そんな店の一つでスイス・アーミーナイフを購入した。ナイフだけでなく、コルクの栓抜きや缶切りなどさまざまなものが折り畳んで柄《え》の部分に収納される、いわゆる十徳ナイフのようなものだが、それを二〇ポンドほどで買ったのである。二〇ポンド、つまり一・三万円ほどのお土産を買うのに感じたストレスは、今思えば滑稽《こっけい》なものであった。今なら一ポンド＝一五〇円としてもせいぜい三〇〇〇円ほどで、四、五本まとめ買いしてもよいという感じだが、そのときは結構な買い物に思えたのである。そのナイフは今日でも手元にある。

ここで、ドルとポンドの関係も視界に入れておきたい。戦後長い間、一ポンド＝二・八〇ドルという時代が続いたが、先にも触れたように一九六七年にポンド切り下げが行われ、一ポンド＝二・四ドルになる。その後、アメリカ経済の優位性と米国金利が相対的に高いこともあり、ドルが上がりポンドが下がって、一九八五年には一時一ドル＝一ポンド近くにまで落ち込んだこともあった。そのあとにはポンドが回復し、リーマンショック直前の二〇〇七年には二ドルまでよみがえり、最近ではほぼ一・六ドルで推移してきた。二〇一六年以降はブレグジットの余波でポンドの価値が低下し、二〇一七年初来、一・二〜一・三ドルあたりを行き来している。つまり、この五〇年ほどの間にポンドはドルに対して半分の価値に落ち込んだのである。

［表1］ポンドの価値の下落（ポンド−ドルの推移）

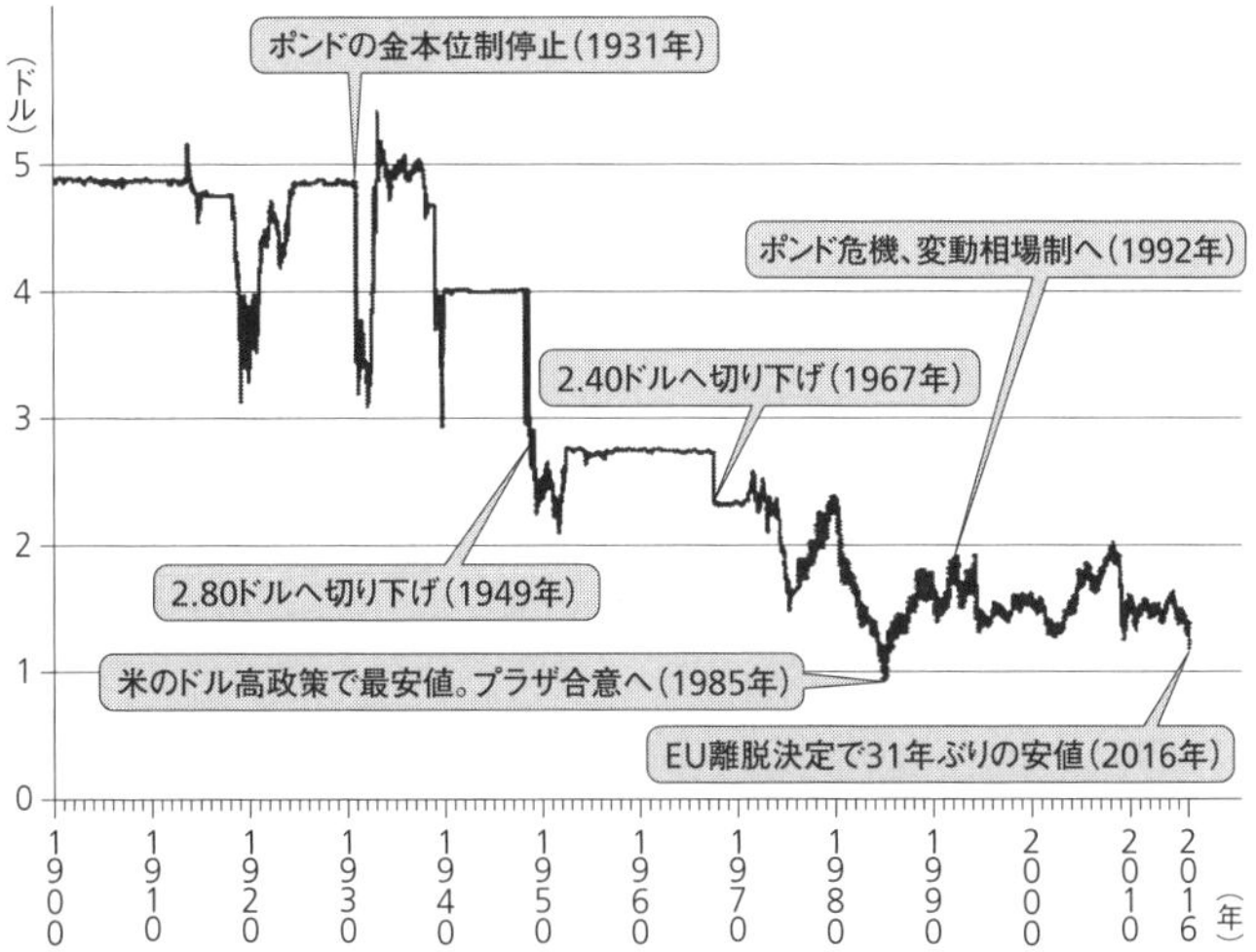

もっと以前まで遡れば、ポンドの下落の趨勢《すうせい》はもっとはっきりとする。一九〇〇年ごろ、つまり一九世紀末は一ポンド＝五ドルであり、それが、ＩＭＦ（国際通貨基金）を中心とする戦後のブレトン・ウッズ体制（連合国通貨金融会議で決められたドルを基軸通貨とする固定相場制）によって、ポンドは世界の基軸通貨としての地位をドルに奪われてきたのである。

アメリカと英国の関係にとって、一九六八年は重要な年である。この年、英国はスエズ以東のアジアに駐留させていた軍隊の撤退を表明し、アメリカが英国に代わってペルシャ湾岸地域に覇権を確立することになったのである。大英帝国は第二次世界大戦後も、スエズ運河の東側からインド、マレー半島にかけて支配していたが、インドが独立し、中東の国々が次々と独立の動きを見せていく中で、ついに覇権をアメリカに譲り、スエズ運河の東側から軍隊を引き揚げたのである。私がロンドンへ行った一九七五年は、覇権国から後退し、明らかに英国が陰りを見せていた時期であり、それに代わったアメリカもベトナムで敗退し、世界史の基調が大きく変化した時代だったとも言えるのである。

ビートルズ、そしてアンドリュー・ロイド・ウェバー

英国を代表するミュージシャンであるビートルズはすでに一九七〇年に解散していた。このリバプールの労働者階級の息子たちがビートルズという音楽ユニットを結成したのが一九六〇年であり、六〇年代、世界の若者の心を動かし、世界の音楽シーンを一変させた。日本にビートルズが訪れ、武道館公演を行ったのが一九六六年で、私が早稲田大学への進学を目指して北海道から上京した年であった。私自身はビートルズに熱狂したわけではないが、周辺にビートルズに心酔している友人はたくさんいた。

先にリバプールのホテルでフィジー島の銀行と思われ、富士銀行のトラベラーズチェックは

受け取れないと言われた話を書いたが、なぜリバプールに行ったかというと、やはりビートルズが心にあり、ロンドンに滞在している間に彼らを生んだ町に行ってみたいと思ったからである。土日を使って、産業革命の聖地を見る思いもあり、マンチェスターとリバプールをまわった。ビートルズの歌詞で有名になったペニー・レインを訪ね、「ここがあの消防署か」と感激した。自然体で描いた故郷の街並み、静かに心を打つ音楽性、のちのジョン・レノンの「イマジン」に繋がるメッセージ性を感じたものである。曲はポール・マッカートニーがつくったものだが、かつてジョン・レノンがペニー・レインに住んでいたのだという。

ビートルズは私にとって一世代上だが、私の同世代の作曲家アンドリュー・ロイド・ウェバーについて、どうしても触れたくなる。当時、ロンドンで見たものの一つにアンドリュー・ロイド・ウェバーがつくった『ジーザス・クライスト＝スーパースター』というミュージカルがあった。

ウェバーと私は同学年である。私はロンドンに二七歳のときに滞在したことになるが、アンドリュー・ロイド・ウェバーはもうすでにスターダムに上り詰めていた。両親ともに音楽家の家庭に生まれ、早くから音楽の才能を見せ、一九歳で初のミュージカル『ジョゼフ・アンド・アメージング・テクニカラー・ドリームコート』を作曲し、デビューしている。

一九七一年に初めて上演された『ジーザス・クライスト＝スーパースター』は、絶賛というよりも物議を醸して話題となった。神の子キリストをミュージカルの主役にしたロックミュージカルであるだけでなく、キリストに現代社会の中で迷える若者の姿を色濃く投影させ、キリスト教団体からは「神を冒瀆《ぼうとく》する異端者」として糾弾《きゅうだん》されていた。

私もこのミュージカルを観て、驚いた。人間の創造力への闘いにおいて、とんでもなく挑戦的な男だと思ったのである。自分とはジャンルの違う世界に生きていて、ライバル心というわけではないが、それ以来、同世代の気になる人物として注目をしてきたのである。その後、ウェバーは世界のミュージカルシーンの中心を走りつづけた。一九七八年に『エビータ』、一九八一年に『キャッツ』、一九八四年に『スターライト・エクスプレス』を生み、そして、一九八六年におそらく彼自身の最高傑作である『オペラ座の怪人』を生んだ。『オペラ座の怪人』は、前妻と離婚して結婚したソプラノ歌手サラ・ブライトマンへの燃えるような思いを凝縮させた作品である。一九八八年、私は着任していたニューヨークでこの作品に接して以来、世界中で二〇〇回以上は観続けてきた。

ウェバーはサラ・ブライトマンと結婚はしたものの、まさに彼自身の屈折した心象風景は『オペラ座の怪人』の主人公の怪人そのもので、あっというまに離婚し、その後の作品は迷走し、暗くなって、何をつくっても当たらなくなってしまった。老女優が虚構の栄光を追い求め、破滅していく姿を描いた「サンセット・ブルバード」（一九九三年）あたりから、作品が息苦しくなっていったと思う。『オペラ座の怪人』の続編と言われる、二〇一〇年の『ラヴ・ネヴァー・ダイズ』は究極の失敗作との烙印《らくいん》を押されるほどである。アンドリュー・ロイド・ウェバーは女王から男爵の称号をもらうほど、功成り名を遂げた男だが、次第に爆発的な創造力を失って失速していった。私は今も英国の文化創造力と重ね合わせる思いでこの男を見つめている。

一九七五年当時、「衰亡する大英帝国」を論じた本はすでにいくつも出回っていたが、実際にはその大英帝国からビートルズが登場し、そのすぐ後にアンドリュー・ロイド・ウェバーのような創造力を持った若者が彗星《すいせい》のごとく現れてきた。国の力とは何なのか。文化を含めて英国という国の底知れない力みたいなものを、ビートルズやウェバーによって考えさせられ、彼らの創造力に心を揺さぶられたロンドン生活でもあった。

（一九七六年五月号「中央公論」誌掲載）

「英国病」の症状とは？

寺《てら》島《しま》実《じつ》郎《ろう》

日本の一人当り国民所得が英国を上回った七二年を境として、日本の知識人とマスコミから、先発近代国家英国に対する積年の劣等感の裏返しとも思われる「英国病」論が語られ始めたのは興味深い。とくに石油危機を経て、英国経済が「三重苦」といわれるインフレ、国際収支赤字、不況という事態に直面し、その解決もなされぬままに、本年三月に入ってウィルソン首相の辞意表明、ポンドの二ドル割れ、ＩＲＡの地下鉄爆破、さらには王女離婚問題まで飛び出すに至って、「重症の英国病」論はますます暗黙の説得力を帯びつつある。だが、英国病の実体やその病状と構造は、多くの議論において不明確であり、しかも日本に単純な類似症状を見出し「英国病の上陸」が云々されるに及んでは、なんとも奇異な印象をもたざるをえないのである。「英国病」という語は、西独のジャーナリズムが六〇年代初めから「社会福祉のぬるま湯につかった英国の労働者のような怠けぐせ・不規律・非能率」の意味で使い始めたといわれる。また、Ｍ・シャンクスが「ゆきづまった社会」において英国社会の病理を解明したのが六一年であり、その後、昨夏発表されたハドソン研究所の「一九八五年の英国」に至るまで英国病に関する論及は枚挙にいとまない。そうした議論を踏まえ、英国病の映像を整理するならば、まず英国病の症状は、経済の長期停滞に約言できる。具体的には①生産活動の低迷②慢性的国際収支の赤字③インフレ④国民生活水準の相対低下などとして確認できる。

次に、これらの症状をもたらした要因は、①ロンドンの株式、金融市場に象徴される金融経済への依存と裏腹に産業投資が消極化し、技術革新時代の国際競争に敗北したこと②国家財政支出の三割を社会保障関係費に投入する高福祉化に伴い、その財源としての法人税過重（法人所得の六割を超す）が企業の活動欲を減殺したこと③社会階級の亀裂を背景とした強力な職能別労働組合運動と、福祉化と豊かさの享受の中で醸成された勤労意欲の低下により産業の生産性が低迷していること④頻繁な保守・労働党の政権交替により景気政策におけるストップアンドゴー、産業国有化と解除の変転のごとく経済・産業政策が動揺を続けてきたことなどが挙げられよう。

こうした症状と要因をより長期的視点から考察するならば、英国病は近代への先行とその構造がもたらした逆機能現象とも言える。英国は産業革命への先行とそれを支えた植民地主義の展開過程で国民各層に豊かさ故の甘えと外部依存の金利生活者的体質を培養してしまった。また、近代民主制への先行は、民主制が一側面として内包する非効率性に最も早く直面せざるをえなかったのである。

しかし、近代化が善悪双方のポテンシャルを増大させるという意味で「両刃性」を有するとすれば、英国の「病」のみを強調することは正しくない。私自身が昨秋四ヵ月の英国生活で実感したことは、経済論的視点たる「成長率思考」からこの国を判断することの限界である。私は、英国人の驚くほど質素で余裕と安定感ある生活を見つめることにより、国には二つの力があることを学んだ。それは、前進力と忍耐力である。歴史の継続性に固執し、過去を確実に止揚しながら進む英国人の気質と、近代化の成熟段階での限界生産力逓減の法則に由来して英国がその前進力を失いはじめたとき、英国社会が国民の精神生活に卓抜の安定をもたらすことに成功していたという事実、危機的状況にも落着いて対応できる忍耐力を培っていたという事実を注視したい。

人間も社会も、重要なのは、成長期に自制しつつ身につけた蓄積であろう。社会にとっての蓄積とは、いわゆる「社会資本」の蓄積だけを意味しない。経済統計に現われない蓄積にもその社会での快適な生活に関わるものが存在する。英国における極めて厳格な幼児教育、煽情的表現に禁欲的なマスコミの在り方は、国民が社会の慣行や規範を自らの思考を通じて学び取っていく文化的伝承過程を安定化させる機能を果していると思われる。ともあれ、社会的動揺が個人に不必要な動揺をもたらさないシステム、換言すれば、低エントロピーで生活できる社会システムを近代化の過程で形成してきたことは大切であろう。

同時に、社会的意思決定の面からも、英国の底力に気づかざるをえない。明らかに英国には、社会的進路選択において、エリート（指導者）がエリートの権利を主張するのではなく義務と責任の心情において、取り組むべき課題に正面から取り組み、状況の目的意識的制御を目指す風土がある。かつて英国は、米国独立戦争での敗戦を背景に弱冠二十四歳のピットを首相として登場させたことがある。現在も、一九一七年以降生れの者（太平洋戦争開戦時二十四歳以下）が国会議員に占める比率を見ても英下院は七五％と日本の衆院四四％に比べいかに多くの若い世代が国家的意思決定に参加しているかが分かる。

また、そこでの議論も、産業国有化・民主化、分配公正化など体制転換を巡る具体的問題が持続的に検討されており、一見非効率に見えて決して本質論を回避しない社会的意思決定のもつ厚みを軽視することはできない。そうした厚みは外交政策にもにじみ出ている。

今や日本も内外環境変化の中で、その「奇跡の成長過程」で何を蓄積してきたかが問われようとしているのである。

第二章　ユニオンジャックの矢の中核基点として

——金融とエンジニアリング力を支えるロンドンのシティ

一九〇〇年、夏目漱石のロンドン――見つめたヴィクトリア女王の葬列

一九〇〇年（明治三三年）九月八日、つまり一九世紀最後の年、夏目漱石はロンドンへ向けて旅立った。帝国大学英文科を卒業したあと、英語教師として四国松山の愛媛県尋常中学校を経て、熊本の第五高等学校で教壇に立っているときに、文部省から英国留学を命じられたのである。

漱石の乗ったドイツの汽船プロイセン号は、横浜港から出航したあと、神戸、長崎を経て、九月一三日から一六日に上海、一七日に福州、一九日から二〇日に香港、二四日にシンガポールに寄港した。さらに、マラッカ海峡に入り、二七日にマレー半島西岸にあるペナンに立ち寄り、一〇月一日には今日のスリランカ、セイロン島のコロンボ、さらにはアラビア海を越えて、一〇月八日から九日はイエメンのアデンに滞在。紅海からスエズ運河を通過して、一〇月一四日には地中海に入った（図2参照）。

漱石が通ったルートを地図の上でじっくりと確認するならば、プロイセン号が停泊した港は、いずれも英国と関わりの深い場所ばかりである。一八四〇年から四二年にかけて、英国と清国

［図2］漱石のロンドン留学時の寄港地

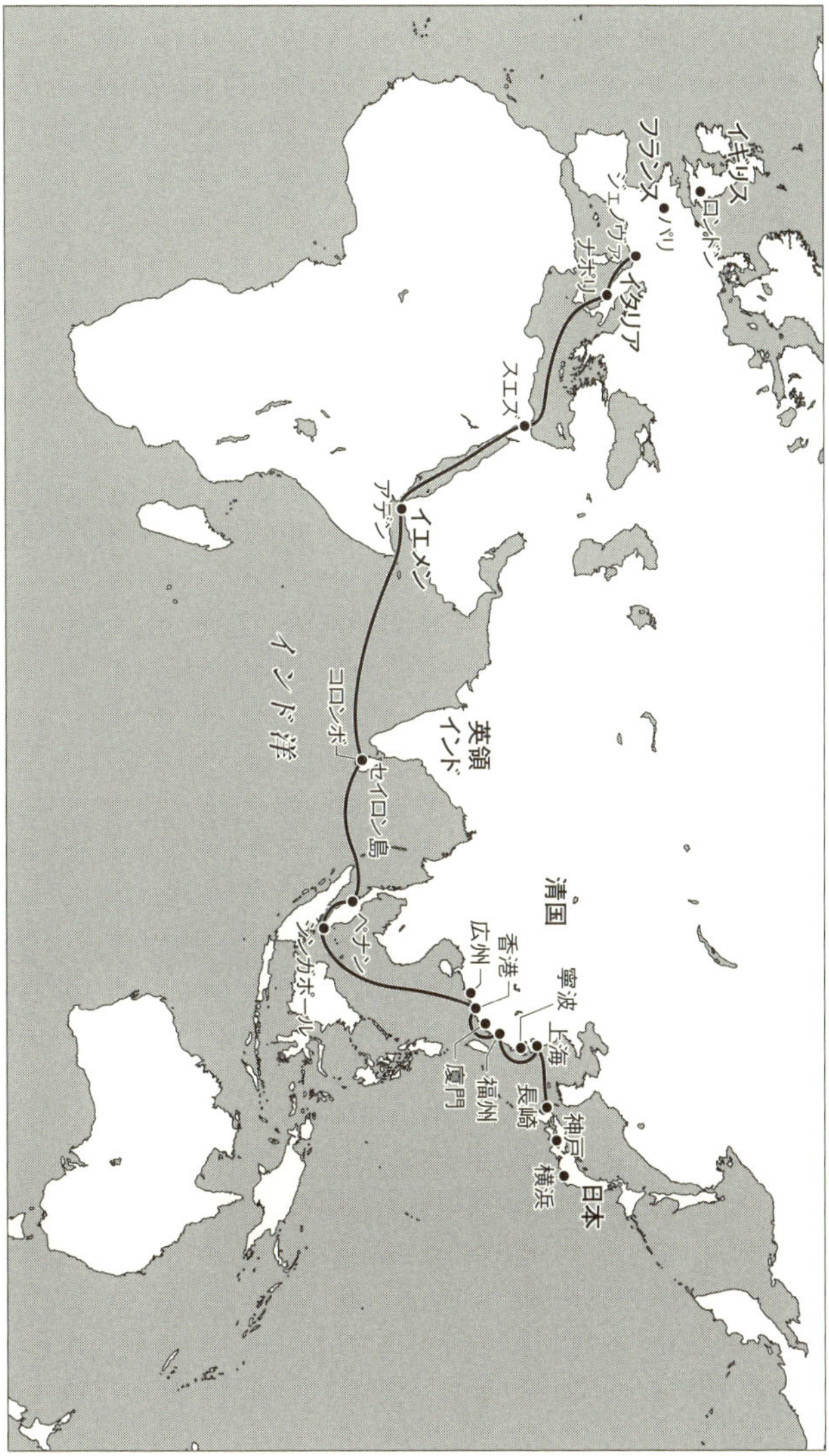

の間でアヘン戦争が起こるが、その終結に当たって結ばれた南京条約で、清国は英国に香港島の割譲《かつじょう》とともに、上海、寧波《ニンポー》、廈門《アモイ》、福州、広州の五つの港の開港を迫られた。香港は英国の植民地となり、一八六〇年には九龍半島が割譲され、さらに一八九八年に新界が租借されて、支配地域を拡大していた。漱石は妻・鏡子《きょうこ》への手紙に、「上海も香港も広大にして立派なことはとうてい横浜、神戸の比ではなく候。特に香港の夜景などは満山に光の宝石を無限に散りばめたようなごとくに候」と書いている。

シンガポールは、かつては住む人も少ない湿地だったが、一八一九年以降、イギリス東インド会社のトーマス・スタンフォード・ラッフルズによって貿易港として開発が進められ、一八二四年にはジョホール王国から英国に割譲されて植民地となっていた。

マレー半島西岸のペナンは、一帯を支配していたクダ王国から一七八六年に英国が賃貸したものである。英国は一八二六年にこのペナン、シンガポールとマラッカを統合して「海峡植民地」とし、一八六七年からは英国本国の管轄地としていた。

セイロン島のコロンボは一六世紀初頭からポルトガル、一七世紀半ばからオランダの支配を受けたあと、一八〇二年に英国の支配下となり、一八一五年には英国領セイロンの首都となった。

イエメンのアデンは一八三九年に英国が占拠し、紅海とインド洋をつなぐ要衝《ようしょう》となっていた。スエズ運河はフランスとエジプトの資本によるスエズ運河会社が一〇年をかけて建設したもので、一八六九年に開通したが、一八八二年以降は英国によって占領され、ヨーロッパ諸国との条約により自由航行は認められているものの英国の支配下にあった。一九〇〇年という一九世紀最後の年に、漱石は「七つの海に太陽の沈むことがない」と言われたヴィクトリア期の大英帝国の海外展開のネットワークを辿りながら、ロンドンへと向かっていったのである。

プロイセン号は一〇月一四日にスエズ運河を越えて、地中海に入り、一七日にはイタリアのナポリを経て、ついに一九日にジェノヴァに到着する。漱石はそこから汽車でパリに向かった。二一日からパリに滞在し、知人の案内で当時開かれていたパリ万国博覧会や美術館などを回ったあと、ドーバー海峡を船で越えて一〇月二八日、ようやくロンドンに到着した。横浜を発って五〇日目のことだった。それから約二年にわたって、漱石はロンドンに滞在したのである。

一九〇〇年と言えば一九世紀最後の年である。日本は明治維新から三〇年以上が経過し、一八九四〜九五年の日清戦争での勝利を経て台湾を領有、朝鮮半島、さらには中国大陸への進出の野心を露《あら》わにするようになっていた。中国東北部の満州や遼東半島をめぐってロシアとの対立を深め、四年後には日露戦争が迫りくる状況にあった。

漱石は一九世紀が終わり、二〇世紀を迎える瞬間をロンドンで過ごした。世紀を越えた直後の一九〇一年一月二二日には、ヴィクトリア女王が死去する。在位は一八三七年から約六四年の長期に及び、「国母」として英国民に慕われたヴィクトリア女王の死は、栄華を極めた大英帝国の最後の光が消えようとする瞬間でもあった。二月二日、漱石はハイドパーク付近で群集に混じり、宿の主人に肩車されて、ヴィクトリア女王の葬列を見つめたのである。

翌一九〇二年一月には、ロシアの極東進出に対抗する目的で、日英同盟が締結される。この日英同盟の意味については、第六章の「日本と英国」で論及したい。漱石はロンドン留学の後半をほとんど下宿に籠《こ》もって読書の日々を続けていた。のちに漱石はロンドン時代について、「不愉快の二年なり。余は英国紳士の間にあつて狼群に伍する一匹のむく犬の如《ごと》く、あはれなる生活を営みたり」と振り返っているが、神経衰弱ぎりぎりに追い込まれ、東京には「夏目狂セリ」という情報が届けられるほどだった。日英同盟に対する日本国内の祝賀ムードがロンドンの在留邦人にも伝わったが、漱石は「斯《かく》の如き事に騒ぎ候は、恰《あたか》も貧人が富家と縁組を取結びたる喜しさの余り、鐘太鼓を叩きて村中かけ廻る様なものにも候はん」と冷ややかだった。

一九〇二年一二月五日、漱石はアルバート埠頭《ふとう》から日本郵船の貨客船博多丸で帰国の途につく。大英帝国の最後の光たるヴィクトリア女王の葬列を目撃し、二〇世紀の英国の行途《こうと》を感じ取って帰国したのである。その後、日本は一九〇四年に始まった列強ロシアとの日露戦争をなんとか生き延び、第一次世界大戦では日英同盟に基づいて連合国の一員として参戦するなど、国際社会で列強の一翼を担う形で頭角を現していった。漱石は帰国後、小説としては処女作となる『吾輩は猫である』を一九〇五年に発表。さらに『坊っちゃん』（一九〇六年）、『三四郎』（一九〇八年）、『こころ』（一九一四年）などの代表作を次々と世に送り、一九一六年、『明暗』の執筆途中に四九歳の若さで死去するのである。

私は最初にロンドンを訪れた一九七五年から二〇年が経った一九九七年から二〇〇〇年にかけて、新潮社「フォーサイト」誌での連載「一九〇〇年への旅」（新潮文庫『若き日本の肖像』に所収）の取材のため、ロンドンにおける夏目漱石の下宿などを訪ね歩いたことがある。そして、漱石も佇んだというトラファルガー広場でネルソン提督像を見上げながら、漱石のロンドン体験は日記、書簡、論稿などを通じ、明治期日本人の海外体験としての意味を持つことに気付いた。そして、噛みしめるように漱石の言葉に向き合った。

「未来は如何《いか》にあるべきか。自ら得意になる勿《なか》れ、自ら棄てる勿れ、黙々として牛の如くせよ。孜々《しし》として鶏の如くせよ。内を虚にして大呼する勿れ。真面目に考えよ。誠実に語れ。摯実《しじつ》に行え。汝の現今に播《ま》く種はやがて汝の収むべき未来となって現はるべし」

（一九〇一年三月二一日付）

第一次世界大戦終結後の一九二一年に開かれたワシントン会議の結果、米英仏日の間で締結されたワシントン条約によって、日英同盟は解消される。日本の拡張主義を警戒し始めたアメリカが、日英同盟がアメリカへの圧力になりかねないことを懸念し、解消への流れを作ったのである。その後、多国間外交の中で日本は迷走、新手の帝国主義国家の性格を強めた日本では軍部の力が増す結果となった。

漱石がロンドン留学をした三〇年後の一九三一年には満州事変が起き、翌三二年には清朝の廃帝・溥儀《ふぎ》を執政とする満州国が樹立される。一九三七年には日中戦争が勃発、日本は中国での戦線拡大へと傾斜し、迷走の結果、一九四一年にハワイ真珠湾を攻撃、アジア太平洋戦争へと突き進んでいくことになる。一九四二年二月には大英帝国のアジアの拠点であったシンガポールが陥落。このとき、英国軍人であり、連合軍司令官だったアーサー・パーシヴァル中将に対して、山下奉文《ともゆき》陸軍大将が「イエスかノーか」と降伏を迫った。当時の英国首相だったチャーチルが、のちに「英国軍の歴史上最悪の惨事であり、最大の降伏」だったと記すほど、英国にとって衝撃的な出来事であった。

「大国の興亡」の中での「英国の衰亡」への視座

私が初めてロンドンを訪れたのは一九七五年であり、第二次世界大戦終結から三〇年後のことである。明治維新から約三〇年後に漱石がロンドン留学をした。偶然と言えば偶然だが、三〇年というサイクルには意味があると思う。人間の大人としての体験、つまり一世代の蓄積はほぼ三〇年間であり、三〇の倍数である六〇年が、体験が一巡りして歴史の教訓が伝わらなくなる時間軸ということであろうか。幕末維新の動乱と辛酸を体験した世代が歴史の舞台から消えたのは一九一〇〜二〇年代であり、明治の元勲と言われた人たちは、伊藤博文（一九〇九年没）、井上馨《かおる》（一九一五年没）、大山巌《いわお》（一九一六年没）、山縣有朋《やまがたありとも》（一九二二年没）、大隈重信（一九二二年没）と相次いで世を去り、第一次世界大戦終結のあたりから、日本の迷走が始まるのである。

今日、戦後七〇年が過ぎ、戦争と敗戦後の辛酸を味わった世代が歴史の表舞台から去りつつある。「戦争を知らない子供たち」が「戦争の教訓」を風化させ、日本民族が高い代償を払って確認したはずの歴史認識さえ失われていくことに強い危機感を覚える。その意味で、この本は英国という存在と向き合うことを通じて、日本人としての立ち位置を時間軸の中で確認する営為とも言えよう。

さて、一九世紀の大英帝国と比較すると現在の英国は明らかに衰亡しているといえる。ポール・ケネディの『大国の興亡』（草思社、一九九三年、原著一九八七年）は、副題の「1500年から2000年までの経済の変遷と軍事闘争」が示すように、明朝、オスマン・トルコ、ハプスブルク、そして大英帝国の衰亡史でもあり、さまざまな形での覇権国家の衰亡を語っている。また、チャールズ・P・キンドルバーガーの『経済大国興亡史』（岩波書店、二〇〇二年、原著一九九六年）は「1500-1990」という副題で、ポルトガル、スペイン、オランダ、英国、アメリカなどの興亡が分析されている。これらの文献を含め、大国の衰退を解析した書物を読むと、大英帝国は、ヴィクトリア期の後半の一八七〇年代から成長力を失い、徐々に衰亡の局面に入ったという見方を大概の論者がとっていることがわかる。一九世紀の後半から、産業革命による経済発展がドイツやアメリカにも広がり、英国は競争力を失い始めたのである。それでも、第一次世界大戦前までは大英帝国が七つの海を越えて植民地を持ち、覇権を維持していたというイメージがあり、栄光の余韻を保っていたと言えるだろう。

英国の繁栄と衰亡を象徴する数字を確認しておきたい。第一次世界大戦前、世界の船舶総トン数の六〇〜八〇％は英国で建造されていた（キンドルバーガー『経済大国興亡史』下巻）という。例えば、日露戦争の明暗を分けた一九〇五年の日本海海戦に投入された日本側の戦艦を見ると、三笠、敷島、朝日、初瀬、八島、富士をはじめとして、主だった戦艦のほとんどが英国製だった。英国は今では考えられないほどの造船大国だったのである。

統計を見つめてみよう（表2参照）。主要国の造船力（一〇〇トン以上の鋼船）について、一九二五年の段階においても、英国は一〇八・五（単位は万総トン。以下同じ）とアメリカの一二・九、ドイツの四〇・六、日本の五・六を圧倒していた。第二次世界大戦後の一九五〇年でも、英国一三二・五、アメリカ四三・七、ドイツ一五・六、日本三四・八とまだ優位

［表2］ 主要国の造船力

（単位・万総トン）

	1925年	1950年	2015年
英国	108.5	132.5	0.3
アメリカ	12.9	43.7	42.7
ドイツ	40.6	15.6	38.4
日本	5.6	34.8	1300.5
中国	——	——	2516.0
韓国	——	——	2327.2

出典:ロイズ造船統計等（世界の商船進水量、世界主要造船国別竣工量を元に作成）

主要国の発電量

（単位・億kWh）

	1925年	1950年	2013年
英国	113	664	3952
アメリカ	659	3896	4万3062
ドイツ	203	461	6332
日本	82	463	1万453

出典:総務省統計局『世界の統計2017』ほか

にあった。しかし、二〇一五年には、英国〇・三、アメリカ四二・七、ドイツ三八・四、日本一三〇〇・五、中国二五一六・〇、韓国二三二七・二と、東アジア三国の造船力に圧倒され、英国の造船業は壊滅したと言える状況にある。

また、経済力を示す対比可能な統計という意味で、主要国の発電量の推移に注目したい（表2参照）。一九二五年段階では、アメリカ六五九（単位は億キロワット時。以下同じ）、ドイツ二〇三、英国一一三、日本八二であったが、第二次世界大戦後の一九五〇年には、英国六六四、アメリカ三八九六、ドイツ四六一、日本四六三とまだ日本を上回っていた。しかし、二〇一三年では、英国三九五二、アメリカ四三〇六二、ドイツ六三三二、日本一〇四五三と、英国の発電量は日本の三分の一程度になってしまったのである。

キンドルバーガーによると、英国は一八二〇〜七〇年まで、一人当たりの国民所得が平均一・五％で伸びている。これに対して、一八七〇年から第一次世界大戦の前年の一九一三年までは伸び率が一・〇％に落ち、さらには第一次、第二次世界大戦の期間を含む一九一三年から一九五〇年は〇・九％にまで落ちている。豊かさの基本指標とされる一人当たり国民所得の伸びが逓減《ていげん》していったことがわかる。その後、一九五〇〜七三年の戦後復興期には、英国の一人当たり国民所得の伸びも年平均二・五％に回復するが、この時期は世界経済全体が大きく成長軌道にあり、日本はその三倍、ドイツ、イタリア、フランスは二倍を記録しており、これらの国々と比べると相対的に英国の所得の伸び率は低かった。相対的な英国の衰亡が明らかになり、第一次世界大戦から第二次世界大戦にかけて、産業力におけるアメリカの存在感が増し、世界の覇権はかつて英国の植民地だったアメリカに取って代わられたのである。一九世紀が英国の世紀だったとすると、二〇世紀はアメリカの世紀である。

前章でも触れたように、一九〇〇年のころ、対米ドルで一ポンド＝五ドルだったが、二〇世紀において、対米ドルの価値は下がり続け、私がロンドンへ行った一九七五年には一ポンド＝二ドルになっていた。一九八五年には一ポンド＝一ドルに迫るという時期があり、現在もブレグジットによってポンドは相対評価を下げた状況（二〇一七年第1四半期で一・三）になり始めている。ポンドという通貨の価値の下落が象徴しているように、長期的に英国の経済力は世界の中で力を失ってきたのである。

加えて、一九六八年の英国軍のスエズ以東からの撤退は、かつて強大さを誇った英国の軍事力の後退を象徴する出来事であり、それによってアジア・中東の軍事パラダイムが大きく変わったことも忘れてはならない。後述のごとく、アラブの首長国のＵＡＥという形での独立やマレー半島の独立など、中東、アジアにおける秩序枠の変更も、英国の後退を投影したものであることは否定できない。

英国のソフトパワーとしての「ユニオンジャックの矢」という視界

二〇一六年現在、ＧＤＰ（国内総生産）で見ると英国は、アメリカ、中国、日本、ドイツに次いで世界五位（世界ＧＤＰへの比重三・五％）である。六位にほぼ同じ数値でフランスが並び、七位にはかつての植民地のインドが迫っている。二〇二〇年までにインドがＧＤＰで英国を上回ることは間違いないと言える。規模で言うとアメリカの七分の一、日本の半分強である。かつて世界に君臨した大英帝国もいまや見る影もないとも言えるが、ところが、こうした数字が示す実力以上に通貨ポンドの価値は、長期的に見れば下落を辿ったとはいえ、相対的には高く維持され、なぜか英国の世界への影響力は今なお隠然たるものがある。英国は衰退する一方なのかと思うと間違いであり、実にしたたかに生き残りを図っているのである。後退しつつ、影響力を保持する、そのことの意味を深く考察してみたい。

英国という国を、グレートブリテン島という島にだけ視点を置いて、産業力と軍事力だけで考えていると、衰亡している国と言わざるをえない。私は一九七五年の最初の英国訪問の時点で、この国は「モノを作らない国」だということに気がついた。そのときに読んだマイケル・シャンクスの『行き詰まった社会』でも、英国はもはやモノを作らない経済になったことを指摘していたが、いまやそれが一段とはっきりとしてきているのである。

第一次世界大戦以前は英国の造船業が世界の船舶総トン数の六〇〜八〇％を建造し、自動車産業ではアメリカのT型フォードが大衆車として名をはせている傍《かたわ》らで、英国のロールスロイスやジャガーは世界の大金持ちが憧れる高級車として輝いていた。そのロールスロイスは一九七一年に経営破綻し、一度は国有化されたが、一九九八年にドイツのフォルクスワーゲンのものとなり、現在はBMWの傘下にある。かつて英国を代表する高級車ブランドがなんと敗戦国ドイツの自動車メーカーの傘下に入ったのである。また、かつては多くの日本の若者の憧れだったジャガーやランドローバーも、現在では英国の植民地だったインドのタタ・グループの傘下に入っている。

この衝撃の大きさを日本人は理解しづらいかもしれない。日本のモノづくり産業の一翼を担っていたシャープが台湾の鴻海《ホンハイ》精密工業に買収されて傘下に入ったことで気落ちする日本人もいるが、例えば、トヨタやホンダなどの自動車メーカーが中国企業に買収されたという事態を想像してみるとよい。そのとき日本人はどのような気持ちになるだろうか。こう考えると、現在の英国の産業力の後退の深刻さがイメージできるはずである。自動車などのモノづくり産業は、企業名が残っているだけで、もはやユニオンジャックの旗の下にはないのである。

このように世界史の中で見ると、英国は一九世紀半ばを頂点に、軍事力、産業力において覇権を失い、どんどん凋落《ちょうらく》していっているかのように思える。しかし、同時に現在も国際社会の中で英国は隠然たる影響力を残していることにも気づかされるのである。それはソフトパワーとネットワーク力による影響力であることは、強調してもしすぎることはない。

現在の英国を支えているバイタル産業は、何よりも金融であり、金融力をテコにして世界の多様なプロジェクトを動かすエンジニアリング力である。英国はこの金融とエンジニアリングの力によって、国際社会のネットワークの中で今なお隠然たる影響力を維持していると言える。それこそがソフトパワーであり、そこが理解できると、ネットワーク的世界観の中にしたたかに生きる英国のもう一つの姿が見えてくるはずである。

その英国のネットワーク力を象徴的に表現したのが「ユニオンジャックの矢」である。英国が歴史的に強い影響力を及ぼし、現在も固い絆で結ばれている都市を、ロンドンを基点にして、中東のドバイ、インドのベンガルール、東南アジアのシンガポール、そしてオーストラリアのシドニーと順に地図上にマークし結んでみると、見事に一直線に並ぶ。私はこれを「ユニオン

［図3］ユニオンジャックの矢

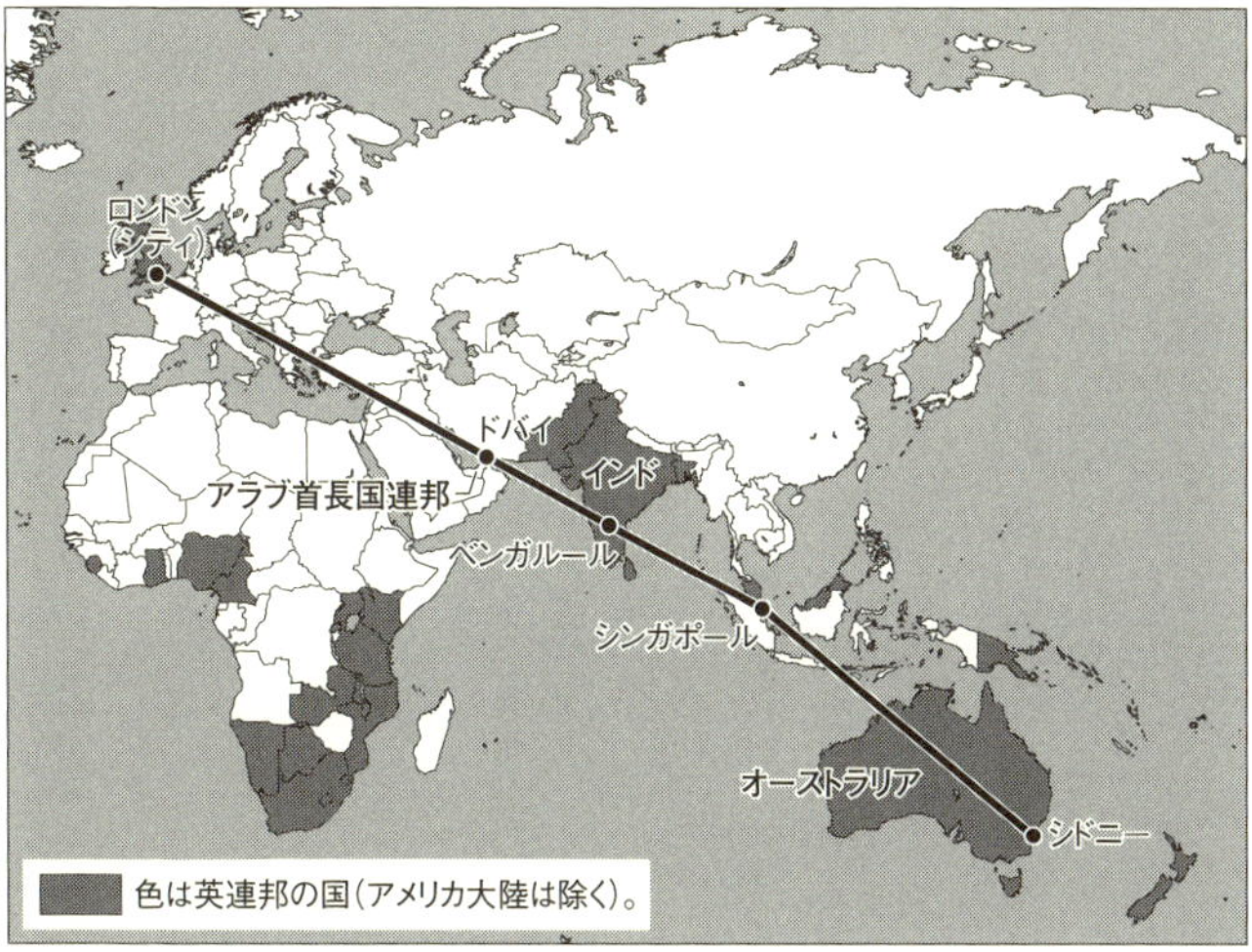

ジャックの矢」と呼ぶ（図3参照）。

これは、かつて「エンパイア・ルート」と呼ばれた大英帝国の植民地だった拠点を単につないでみたということではない。あとで詳しく見るように、アラブ首長国連邦（UAE）のドバイは、湾岸産油国のみならずイランまでも含む中東のオイルマネーを吸い込み、ロンドンのシティへと結ぶ金融センターとして機能している。インドのIT立国を担う先端産業の集積地であるベンガルール、さらに、東南アジア最大の金融センターであり、中国の成長力をASEAN（東南アジア諸国連合）に取り込む基点として機能する華人・華僑国家シンガポール、そして、豊富な天然資源を背景として成長のめざましいオーストラリアのシドニー、これをつなぐ一直線のラインこそ大英帝国ネットワークの象徴なのである。

「ユニオンジャックの矢」は世界各地のマネーを呼び込むと同時に、世界各国の開発や産業の動きに関する情報がロンドンの「シティ」に集中していく仕組みでもある。シティではこうして集めた確度の高い情報をもとに、世界中の有望なプロジェクトを分析し、プライオリティーをつけ、ポートフォリオを組んで巨額の資金を投入していくのである。プロジェクト・エンジニアリングとは、工学などの技術、専門知識をベースに置きながら、巨大な開発プロジェクトを実現するための仕組みづくりや実際の運営に関わる一切を統合的に計画、管理するところに醍醐味がある。シティは大英帝国の植民地経営の時代から、そのノウハウを蓄積させてきたとも言える。

先述のごとく、英国のGDPの規模は世界第五位であるが、二〇一六年のGDPに関して、ここで言うユニオンジャックの矢に連なる五つの国、英国、UAE、インド、シンガポール、オーストラリアの名目GDPを足し合わせると六・八兆ドルに達し、これは日本（約五兆ドル）を凌駕《りょうが》して中国に次いで第三位となる。これを基盤として各種のプロジェクトを組成し、シナジーを創出していると考えれば、次第に「ユニオンジャックの矢」のイメージが現実味を帯びてくるであろう。

英国において「エンジニアリング」がいかに大事にされているかを示す象徴的人物が、イザムバード・キングダム・ブルネルである。英国の公共放送ＢＢＣが二〇〇二年に「英国の歴史の中で最も尊敬できる人物は」という設問の世論調査を行ったことがある。トップは誰もが知るウィンストン・チャーチル。続いて名前が挙がったのがブルネルだった。英国民に絶大な人気を誇り、一九九七年に事故で亡くなったダイアナ妃を三位に押さえての二位である。ブルネルの名を知る日本人はあまり多くはないが、英国人であれば知らない人はいないほどで、こうした調査では必ず上位にランクされる偉人である。一八二五年から始まった、ロンドンのテームズ川の下をくぐるテームズトンネル建設に技術者の父とともに関わり、世界で初めてシールド工法（掘削機で前方へ掘り進みつつ、後方ではすぐに壁をつくるトンネル構築の工法）を採用した。また一八三三年に設立されたグレート・ウェスタン鉄道社では、ロンドンと英国西部の港湾都市ブリストルとの間の橋やトンネル、駅舎などの施設、鉄道車両などを設計・施工した。英国人には、こうした巨大プロジェクトに挑み、実現させる総合エンジニアリング力が評価されるのである。

「エンジニアリング」というと事業プロジェクトを実現する手法と考えられがちだが、広義には、個別の要素を統合して課題を解決するアプローチと言うべきであろう。事業プロジェクトもその一つだが、蓄積した歴史的体験を生かし、法務、経理・会計、財務における専門性を生かし、多様な人材を活用して課題解決に立ち向かう「全体知」がエンジニアリングの本質であり、まさに英国らしいソフトパワーを凝縮した力とも言えるのである。

英国では、伝統的に金融とエンジニアリングの組み合わせが付加価値を創出するという共通認識が存在している。その活動を背景で支えているのが、イギリス連邦（英連邦）の存在である。日本からは見えにくいが、かつての大英帝国の影響力を残す仕組みとして英連邦、または「コモンウェルス」と呼ばれる、ゆるやかな国家連合体が現在も生きている。英連邦は強制力を持った統合型の政治的な枠組みではないが、英国にとっては隠然たる影響力を発揮できる場であることは間違いない。加盟している五二か国（英国を含む・表3参照）は、かつての英国の植民地だった国が多いが、それだけではなく、「English speaking people」と称されるように公用語として英語を話し、さらには英国法を共有し、ラグビー、サッカー、テニス、クリケットなどの英国発のスポーツなどの文化を共有している。英連邦はまさに英国のソフトパワーを象徴するネットワークなのである。

実際にプロジェクトが動き始め、そのためのチームが組織されると、英連邦の文化の中で

[表3] イギリス連邦加盟国(Commonwealth of Nations)

英国を中心としたゆるやかな国家連合。かつての大英帝国がその前身となって発足。英国と旧・英植民地から独立した諸国で構成される。英連邦、コモンウェルスとも呼ばれ、2017年現在で52か国が加盟。

ヨーロッパ 3か国
イギリス*
キプロス
マルタ
アジア 7か国
インド
シンガポール
スリランカ
パキスタン
バングラデシュ
ブルネイ
マレーシア
北アメリカ 12か国
アンティグア・バーブーダ*
カナダ*
グレナダ*
ジャマイカ*
セントクリストファー・ネイビス*
セントビンセント・グレナディーン*
セントルシア*
ドミニカ国
トリニダード・トバゴ
バハマ*
バルバドス*
ベリーズ*
南アメリカ 1か国
ガイアナ

アフリカ 18か国
ウガンダ
ガーナ
カメルーン
ケニア
ザンビア
シエラレオネ
スワジランド
セーシェル
タンザニア
ナイジェリア
ナミビア
ボツワナ
マラウイ
南アフリカ共和国
モーリシャス
モザンビーク
ルワンダ
レソト
オセアニア 11か国
オーストラリア*
キリバス
サモア
ソロモン諸島*
ツバル*
トンガ
ナウル
ニュージーランド*
バヌアツ
パプアニューギニア*
フィジー

*はイギリス国王を自国の国王に戴く「英連邦王国」。2017年現在16か国。

育ったという共通項が有利に働く。メンバー間のコミュニケーションは英語をベースに行われ、会議での討論から書類作成、記録まで、事務や管理がスムーズに進む。巨大プロジェクトになればなるほど、関連する公的機関への認可申請、企業間の契約、人や物の手配、トラブルや事故発生時の対応などのあらゆる場面で法律の専門知識が必要になるが、英国法というプラットフォームが存在するため、共通の理解が得られやすく、効率的で互いの安心感も醸成されやすい。いよいよプロジェクトが稼働すると現場ではスポーツ、音楽などの共通の文化を持つため、人間同士のコミュニケーションが円滑に行われることになる。こうしたソフトパワーが、実は英国のネットワーク的世界の大きなポテンシャルとなっていることを、まず中核となるイメージとして、「ユニオンジャックの矢」という言葉で確認しておきたいのである。

国際経済を動かす主体としての「エンジニアリング会社」という存在に触れておきたい。日本にも「日揮」「千代田化工」「東洋エンジニアリング」など実績を誇るエンジニアリング会社が存在し、プラント輸出などに優れた実力を発揮しているが、世界には業態を異にする総合エンジニアリング会社が存在する。例えば、アメリカのサンフランシスコに本社を置くベクテル社や、英国のアラップ社などと私自身もこれまで縁を持ってきたが、その高いエンジニアリング力を評価せざるをえない。ベクテル社は、サウジアラビアのあらゆる国家プロジェクト、港湾、鉄道、空港、道路などのインフラから、エネルギー関連、都市開発、農業開発などを総合企画・推進してきた主体であり、「サウジの企画部」とまで言われるほどである。英国のアラップ社も、都市開発から鉄道などに実績を有し、二〇一二年のロンドン・オリンピック関連の諸々のプロジェクトをトータルに構想し、調整・推進して成功させた実力は驚嘆すべきものがある。

マクロ・エンジニアリング学会という団体があり、何回かその国際大会に私も参加してきたが、例えば「第二パナマ運河」「マレー半島横断運河」「日韓トンネル」など気宇壮大なプロジェクトが研究報告され、驚かされた。複雑な利害を調整し、多様な専門性を注入してプロジェクトを完結させる柔らかい構想力が求められ、日本人が学んでいかねばならない分野と言えよう。「砂漠のラスベガスを世界一のエンタテインメント・パークに変えてみせる」と目を輝かせていた男達に出会ったのもこの学会だった。

英国の持つネットワーク型の影響力が凝縮された最近の出来事が、中国が主導するＡＩＩＢ（アジア・インフラ投資銀行）への参画を巡る動きだった。当初、賛同者の少なかったＡＩＩＢに英国が参加を決めたことで流れが変わった。二〇一七年四月現在、ＡＩＩＢ加盟七〇か国（参加表明国を含めて八五か国）のうち、英連邦（五二か国）のメンバーは一四か国であり、

「ユニオンジャックの矢」と言われる五か国（英国、UAE、インド、シンガポール、オーストラリア）はすべてAIIBに参加している。英国の政策が微妙に影響を与えるポテンシャルを示すものである。

ユニオンジャックの矢の基点
――ロンドンの金融街「シティ」の果たす役割

「ユニオンジャックの矢」の基点はロンドンであり、なかでも金融センターとしてのシティの機能が重要である。シティはスクエア・マイルと言われ、ロンドン中心部の一マイル（約一・六キロメートル）四方ほどの狭いエリアだが、イングランド銀行やロンドン証券取引所、世界的な保険取引所のロイズなどがあり、五〇〇以上の金融機関の拠点が集中し、約二〇万人の金融関係者が働いている。周辺の金融関連サービス企業までを含めると二二〇万人の雇用を生み出していると言われる。産業力の基盤を失いつつある英国にとって、金融は唯一のバイタル産業とも言え、ロンドンの活力の源泉はこのシティに集約されつつある。統計的に言えば、英国の金融・サービス業が生み出している付加価値は、英国のGDPの一割程度となるが、金融を軸にすそ野の情報・サービス産業が成立している構造を考えれば、中核産業であることは間違いない。

世界の金融街としてはアメリカのニューヨーク・ウォール街と並び称されるが、果たす役割は微妙に異なっている。ウォール街は株式や債券などの従来の金融商品だけでなく、金融工学のエキスパートが集まり、複雑な仕組みの金融派生商品を次々と生み出し運用している。またアメリカは世界最大の新興企業向け株式市場ＮＡＳＤＡＱ（ナスダック）を抱え、ＩＴなどの先端技術に対する投資も盛んである。

これに対して、シティは世界の為替取引の中心と言える。取引額は一日三兆ドルとも言われ、アメリカの二倍、日本の五倍の取引額である。二〇一四年の金利スワップ（変動金利と固定金利との交換取引）など、デリバティブ（金融派生商品）のシェアは世界の約五割、外国為替取引は約四割、海上保険は三割を占めると言われる。とくに、このところフィンテック（ＦＩＮＴＥＣＨ、情報技術を駆使した金融サービス）という言葉が使われるが、ＡＩとかビッグデータといった先端的情報技術を駆使した投資運用のセンターとしての機能をロンドンが高めていると言える。「人間は睡眠をとらねば機能しない。コンピュータは二四時間稼働し、世界中の時差を越えて、株式、債券、為替などの微妙な変化を捉えて利ざやを捉える」という説明の下に、投資顧問会社がロンドンを基盤として動いている。

金融センターとしての機能を中核として、金融取引に関連した国際情報の集積地となっているのがロンドンである。国際戦略研究所（IISS）や王立国際問題研究所（チャタムハウス）などの国際級のシンクタンク、法律・会計などの高度専門コンサルタント、投資顧問会社、アカデミズム・研究者などが重層的に蓄積され、ロンドンへの吸引力となっている。私自身が年に二度はロンドンを訪れるのも、こうした情報集積力に魅かれてのことである。

シティに拠点を置くHSBCホールディングスは世界最大級のメガバンクだが、もともとは香港に本社を持つ香港上海銀行が母体である。一六〇〇年に設立されたイギリス東インド会社は一八三三年に貿易特権を失い、他社の参入が許されるようになって、さまざまな貿易商社が生まれたが、アヘン戦争後の香港で設立されたジャーディン・マセソン商会などが売り上げを本国へ送金する業務を担ったのが香港上海銀行なのである。シティは成り立ちから今日に至るまで、大英帝国の光と影を引きずりながら、世界の金融・保険取引の中心になっているのである。

ここが「ユニオンジャックの矢」および英連邦の経営企画本部のような役割を果たしているのである。しかも、このところ、実体経済とリンクした産業金融活動よりも、「シャドー系」

と言われるマネーゲーム金融企業、フィンテック型金融サービス企業の中心地となりつつあり、それが後述のごとく「ＥＵによる金融規制強化」を嫌い、ＥＵ離脱にシティが動いたことへの伏線になったとも言える。

また、若干きわどい話だが、単なる「情報」の基点としてだけでなく、「インテリジェンス」、つまり「諜報《ちょうほう》」、課題解決型の情報活動にとって、ロンドンはその中心にあると言える。「００７の世界」は決して絵空事ではなく、ロンドンには元諜報機関勤務の人たちが率いるさまざまなインテリジェンス型企業さえ存在する。ビジネスのグローバル展開にはリスクが伴う。革命、戦争、内乱、テロ、誘拐といった犯罪など、さまざまなリスクが想定される。保険会社の機能から派生したケースが多いが、例えば「コントロール・リスク社」などは、企業のセキュリティ・リスク・マネジメントを支援する業態として実績を誇り、私が三井物産でイラン革命後に石油化学コンビナート建設事業（ＩＪＰＣプロジェクト）の情報活動をしていたころ、何回か接点があり、例えばフィリピンでの若王子事件（三井物産マニラ支店長誘拐事件）などで見せた彼らの諜報力に舌を巻いた思い出がある。

第三章 ユニオンジャックの矢がつなぐもの

——沈まぬ帝国たる英国のネットワーク力

ドバイ——ユニオンジャックの矢の中東における基点

ドバイはアラブ首長国連邦（UAE）の都市であり、中東の金融センターとしての地位を確かなものにしている。ドバイを本拠地とする航空会社にエミレーツ航空があるが、「エミレーツ（emirates）」とは氏族の首長（emir）、首長が統治する国のことである。英国は一九世紀前半にこのペルシャ湾地域の支配を確立していたが、一九五〇年代になって油田の発見により、急速に開発が進むようになった。一九六八年の英国軍のスエズ以東撤退によって、中東に軍事的な空白ができたが、このときペルシャ湾対岸のイランのシーア派が勢力を拡大し、スンニ派主導のこの地域がシーア派に飲み込まれてしまうかもしれないという危機感が高まった。そこで一九七一年にアブダビ、ドバイ、シャールジャ、アジュマーン、ウンム・アル＝カイワイン、フジャイラの六首長国が結束してアラブ首長国連邦を結成。さらに翌七二年にはラス・アル＝ハイマが参加して、現在の七首長国による連邦制国家となったのである。つまり、イランの脅威を前提とする統合なのである（図4参照）。

ちなみに、英国が軍事的にスエズ以東の中東から手を引いた結果、代わって湾岸に覇権を確

［図4］アラブ首長国連邦のなりたち

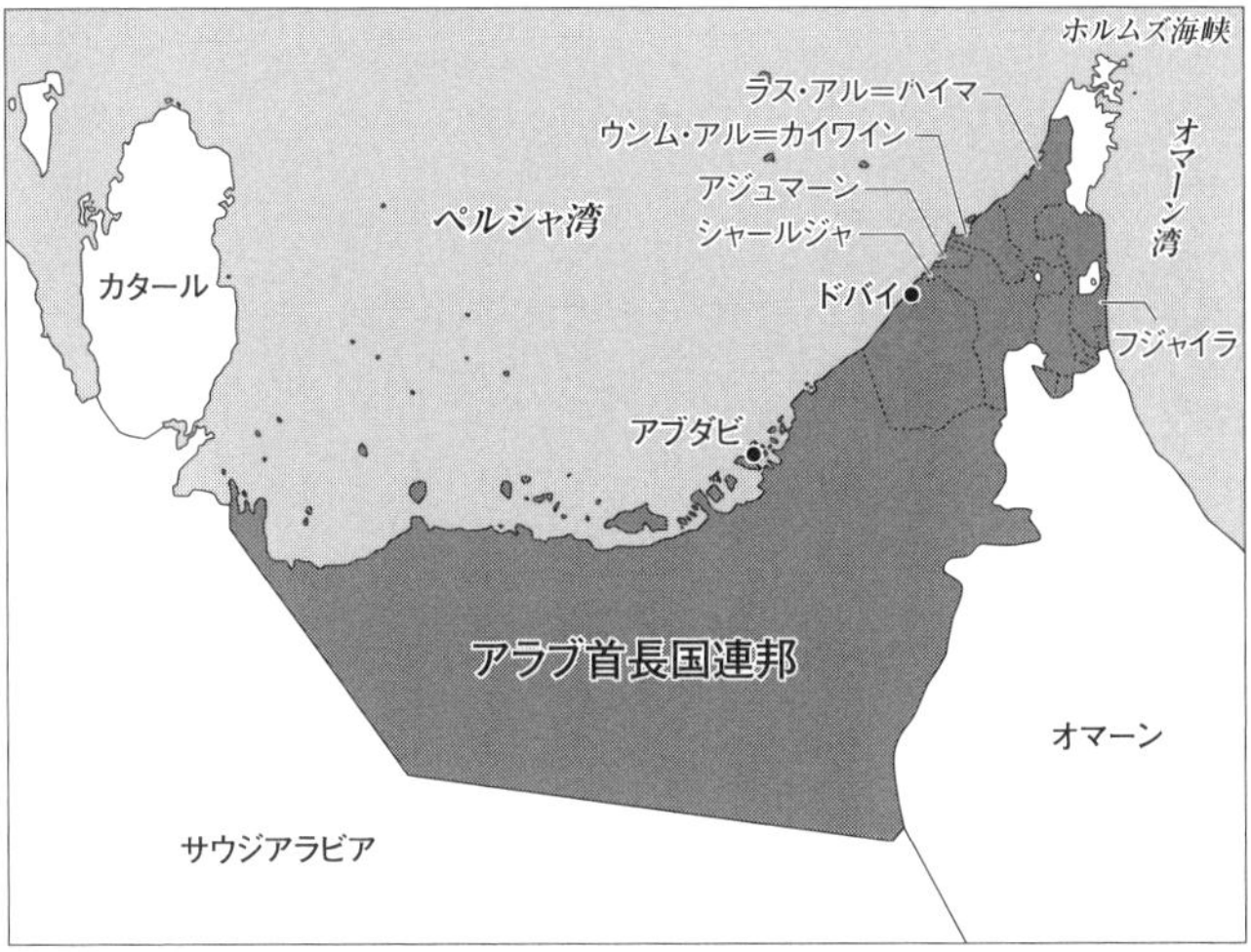

立したのがアメリカであった。このときイランはパーレビ国王の世俗化路線にあり、アメリカはシーア派のイスラム勢力を抑えてくれることを期待しつつ、パーレビ国王を「湾岸の要」として支援し続けた。かたやイランに脅威を感じていたアラブ首長国連邦や、バーレーン、クウェート、オマーン、カタール、サウジアラビアなどの湾岸諸国は、そのアメリカのイラン支援の動きを複雑な思いで見つめていた。

ところが、パーレビ国王は一九七九年にシーア派のイスラム原理主義者たちによる「イラン革命」によって国外に亡命を余儀なくされる。パーレビ体制に過剰依存したアメリカの湾岸統治が失敗したのは、一九七五年まで、アジアにおいてベトナム戦争が続いていたことが大きい。ベトナム戦争に深入りし、消耗したために、アメリカには中東安定化のための地域戦略を展開する余裕がなかったのである。一九七五年にサイゴンが陥落してアメリカが支援していた南ベトナム政権が崩壊、一九七九年にはイラン革命によってイランからもアメリカは後退を余儀なくされるという事態を招き、世界はアメリカのアジア・中東における地域政策の相次ぐ失敗を目撃することになる。

拙著『中東・エネルギー・地政学』（東洋経済新報社、二〇一六年）で書いたことだが、パーレビ体制下のイランでは、戦後日本最大の海外プロジェクトである石油化学コンプレックス建設（ＩＪＰＣプロジェクト）が進められていて、当時、三井物産で働いていた私も関わることになった。私の運命を変えたプロジェクトと言っても誇張ではない。このＩＪＰＣプロジェクトは、イスラム革命に続いて、翌一九八〇年に勃発したイラン・イラク戦争に翻弄《ほんろう》され、事業清算を余儀なくされることになる。のちに「革命と戦争に襲われた呪われたプロジェクト」として、ハーバード・ビジネス・スクールの「カントリー・リスク」のケーススタディ事案として使われるほどの苦難の事業であった。一九八〇年代前半、私はそのプロジェクトと向き合うため、イラン革命政権との交渉に臨むための情報活動の一環として、イスラエルや中東各国、英国、アメリカの中東専門家を訪ね歩く仕事に従事していたのである。この体験を通じ、私は第一次世界大戦によるオスマン帝国解体後の中東が、いかに欧米列強の「大国の横暴」によって振り回されてきたのかという認識を深めることになった。

英国は前述のごとく一九六八年に軍隊をスエズ以東から撤退させ、ペルシャ湾岸地域の覇権をアメリカに譲ることになった。それでも英国は後退しながらも、ペルシャ湾岸の国々に対する影響力をいまなお維持している。サウジアラビアはアメリカのエンジニアリング会社ベクテルの国とも言われ、実際、それほどまでにベクテルはサウジアラビアの資源開発や鉄道開発など、さまざまな分野に食い込み、技術設計から運営までを担っている。その意味でも、サウジアラビアはアメリカなしには立ちゆかないのである。同じような見方をすると、UAEの企画部はロンドンにあると言ってもおかしくない。英国のエンジニアリング力がUAEでは非常に大きくものを言っているのである。現在、UAEの各種プロジェクトには英国のエンジニアリング会社がからんでいると言ってもよい。

UAEの国家としての本質は、先述のごとくペルシャ湾の対岸に重きをなすシーア派のイランに向き合い、強く意識することで、七つの首長国が連邦を形成しているという構図にある。UAEの人口は九五八万人（二〇一五年、IMF）で、スンニ派は八割、シーア派は二割を占めている。同様にスンニ派が多数を占めるバーレーン、クウェート、オマーン、カタール、サウジアラビアとともに一九八一年に結成された湾岸協力会議（ＧＣＣ）の一員でもあり、これもイランに対する力学が働いていると考えてよい。

しかし、実際にはＵＡＥとイランの関係は複雑であり、対立だけではない。イランは核開発問題に対する国連安全保障理事会の決議によって二〇〇六年以降、経済制裁を受けたが、その状況下においてもＵＡＥが果たしていた役割は大きい。エミレーツ航空、イラン航空などを合わせて毎日約七〇便もの飛行機がドバイとイランの各都市との間を飛んでいることは、日本ではあまり知られていない事実である。二〇一五年度のイランの貿易相手国を見ると、輸出は中国（一七・〇％）、イラク（一四・七％）、ＵＡＥ（一一・六％）、輸入は中国（二五・二％）、ＵＡＥ（一八・九％）、韓国（八・九％）と、中国とともにＵＡＥが大きな比重を占めている。

二〇一五年七月にはイランが核開発の断念を合意したことによって、二〇一六年一月に欧米六か国はイランに対する経済制裁を解除することを発表した。一方で、サウジアラビアがシーア派指導者を処刑したことから、テヘランのサウジアラビア大使館が群集に襲撃され、両国の国交断絶へと発展した。湾岸諸国のうちバーレーンはサウジアラビアに追随して国交断絶に踏み切ったが、ＵＡＥは大使召還と外交関係の格下げに留めている。実に微妙な温度差があるのだ。

二〇一七年に登場した米トランプ政権が、最初の外遊先にサウジアラビアを選び、「イラン憎し」の外交を鮮明にしつつある中で、ＵＡＥの動きは注目される。

ドバイはＵＡＥの中では首都アブダビを上回る最大の都市で、経済の中心であると同時にペルシャ湾と世界を結ぶ中継貿易の拠点である。アブダビの経済が石油の輸出に大きく依存しているのに対して、ドバイは石油埋蔵量が少なく、中東の金融センターとして金融、流通、観光の発展に力を注いできた。そのシンボルはブルジュ・ハリファという二〇六階建ての超高層ビルで、現在世界で最も高い八二八メートルを誇る。映画『ミッション：インポッシブル ゴースト・プロトコル』（二〇一一年）で、トム・クルーズがスタントなしで高層階の外壁を使ったアクションを披露して話題になった場所でもある。高級ホテルやショッピングモールが林立し、ショッピングを目的に世界から観光客が集まる。実際にドバイの街を歩いてみるとわかるが、インド人とイラン人がやたらに目立つ。主要な貿易相手国は中国、インド、アメリカ、サウジアラビア、スイスの順で（Dubai Customs より）、貿易品目では携帯電話、自動車、コンピュータ機器とともに、金、ダイヤモンド、ジュエリーなどが大きな比率を占めている。ドバイは貿易港として古くから植民地のインドと英国をつなぐ基点であり、現在ではインド経済を英国経済とリンクさせる役割をも果たしている。医療ツーリズムも盛んで、インド人富裕層の多くが高度な医療を受けるためにドバイを訪れているのである。

ドバイはユニオンジャックの矢というネットワークの基点の一つとして、UAEをはじめとするGCC諸国だけでなく、イランまでも引き入れて、中東のオイルマネーを吸収し、さらには人口増加により世界最大の市場へと成長しつつあるインド経済をロンドンのシティへとつなぐ役割を担っている。シティからすると、このネットワークによって中東地域のさまざまなプロジェクトに関与するのはもちろん、世界中の有望なプロジェクトを分析し、プライオリティーをつけ、ポートフォリオを組んで投資していくのである。世界的な巨大プロジェクトを突き動かす金融とエンジニアリングという目に見えない力によって、英国は世界に大きな影響力を持ち続けることができるのである。その中心としてのシティとドバイの相関を、まず認識しておくべきだろう。

ユニオンジャックの矢・第三の基点ベンガルール
——大英帝国の宿命の支柱・インド

次にユニオンジャックの矢の支柱となっているのが、インド南部のデカン高原にある都市ベンガルールである。インドはいうまでもなく昔は英国の植民地であり、反英独立闘争の結果、一九四七年に独立した。それでも、現在も英連邦の一員である。インドも、これから触れるシンガポールも、そしてインド独立から五〇年後の一九九七年に中国へ返還された香港もそうだが、植民地ではなくなった後も、英国は一定の影響力を残しているのである。

英国には「引き際の魔術師」と呼べるようなところがある。これは英国理解の重要なキーワードである。植民地になる過程やそこで繰りひろげられた、「インドのアヘンで中国の茶を買い付ける」といった三角貿易に象徴される悪魔の知恵的な支配構造には戦慄を覚えるのだが、植民地からの撤退時に「石をもって追われるごとく」追い出されたのかというと必ずしもそうではない。英国は元植民地に対して一定の影響力を残しつつ、ある側面では尊敬されながら、出ていくのである。植民地が独立した後も、英国およびその文化に対する尊敬の念が残り、その国のリーダーたちは子息を英国に留学させ、ロンドンのオックス・ブリッジを卒業させることを夢見るのである。

例えば、インド独立の父であるマハトマ・ガンジーは、一八歳で英国に渡ってロンドンで法律を学び、南アフリカで弁護士として働いたあと、インドに戻って独立運動に身を捧げた。シンガポール建国の父、リー・クアンユーも日本敗戦直後の一九四五年に英国に渡り、やはり法律を学んで、シンガポールで弁護士になった。若くして英国の教育を受けた者が、独立後の祖国を率いるリーダーとなり、英国の政治システムを投影させて国を発展させていくのである。

インドの初代首相のネルーは次のようなことを言っている。「インドの知識階級は英国への隷属にはものすごく反発と嫌悪感を感じているけれども、国内政治のやり方、英国のそれは最良だ……」。つまり、戦後英国から独立したインドの人たちは英国の支配に対する強い反発を抱いている。しかし、英国の成熟した政治システムについては別である。君主制と民主主義を同居させ、成熟させた立憲君主制の下で、英国の民主主義がなぜ安定しているのか。政治・社会システムの練熟度という点について学ばなければいけないと言うのである。こうした点が同じように植民地支配の歴史を背負った日本とは異なる点であり、英国の謎を解く鍵の一つが「引き際の魔術師」だという理由なのである。

インドは二一世紀に入り急速にIT大国化している。特にこの三年間の実質成長率は七％台を超し、二〇一五年以降、中国の成長率を抜いた。二〇一七年も七・二％という予測（IMF・二〇一七年四月発表時点）が出ているほどである。人口も一三億人を超えて、まもなく中国を抜くといわれている。経済力においても、人口においても、インドの台頭は世界的な大きな焦点になっているのである。そして、それを支えているのが、「インドのシリコンバレー」と言われるベンガルールに象徴される新しい情報技術分野での研究開発力なのである。

インドのＩＴ技術環境を理解するときに常に視界に入れなければいけないのは、インドがアメリカのシリコンバレーと密接にリンクしているということである。現在、マイクロソフトのＣＥＯ（最高経営責任者）であるサティア・ナデラも、グーグルのＣＥＯであるスンダル・ピチャイもインド出身である。こうした事実が示すように、シリコンバレーにおけるインド人の活躍には目を見張るものがある。ソフトバンクの孫正義氏が一時、インド人の副社長を後継者候補として考えていたと言われるのも、そうした例の一つとみることができる。

例えば、アメリカでコンピュータ関連機器を購入して、使い方がわからなくなったり、トラブルが発生して動かなくなったとしよう。最初に誰もが思いつく解決方法は、マニュアルに書いてあるフリーダイヤルの「１ｰ８００番」に電話をかけて相談することだろう。アメリカのフリーダイヤル電話の多くは自動的にインドへと転送され、窓口に出てくるのはインド人である。なぜこうした仕組みになっているかというと、インド人の労働者の賃金が安いこともあるが、同じ英語圏なので多少発音等がおかしくても、トラブルを解決するのに必要なレベルの会話であれば、十分という点が大きい。こうした裾野に当たるサービス部分から、最先端の研究開発にいたるまで、ＩＴ産業ではインド人技術者が重要なキープレーヤーになっているのである。

ベンガルールはインド南部のカルナータカ州の都市で、八五〇〇万人の人口を誇る、デリー

（ニューデリーを含む）、ムンバイに続くインド三番目の大きさの都市である（図5参照）。以前は「バンガロール（Bangalore）」と呼ばれていたが、二〇一四年にこの地域の言葉であるカンナダ語の発音により近い表記をすることがインド政府に承認され、「ベンガルール（Bengaluru）」と呼ばれるようになった。ちなみにベンガルールとは「護衛の街」という意味だそうである。

インドに対する日本人のイメージは「混沌」かもしれない。歴史を遡って考えると、現在のイランの北部一帯にいたアーリア人たちが紀元前一五〇〇年ごろからインドの北西部に侵入してきた。すでにいたドラヴィダ人たちと混じり、そのころから多様な民族のモザイクを生み出していた。そこにイスラムが参入、さらにモンゴル、ティムールなど中央アジア民族の参入もあり、一段と複雑さを深めた。「ムガル帝国」のムガルとは「モンゴル」のことである。この宗教的にも民族的にもあまりに多様で、統合されにくい土壌の上に、分断を利して植民地支配に動いたのが英国であった。

英国がインドに橋頭堡《きょうとうほ》を築いたのは、一六一二年にイギリス東インド会社がインド西海岸スラートに商館を設けたときであった。インドの植民地化はベンガルに始まった。その後、一七五七年のプラッシーの戦いに勝利した英国は、ベンガル太守をねじ伏せて、ベンガル、オ

［図5］ベンガルールとインドの主要都市

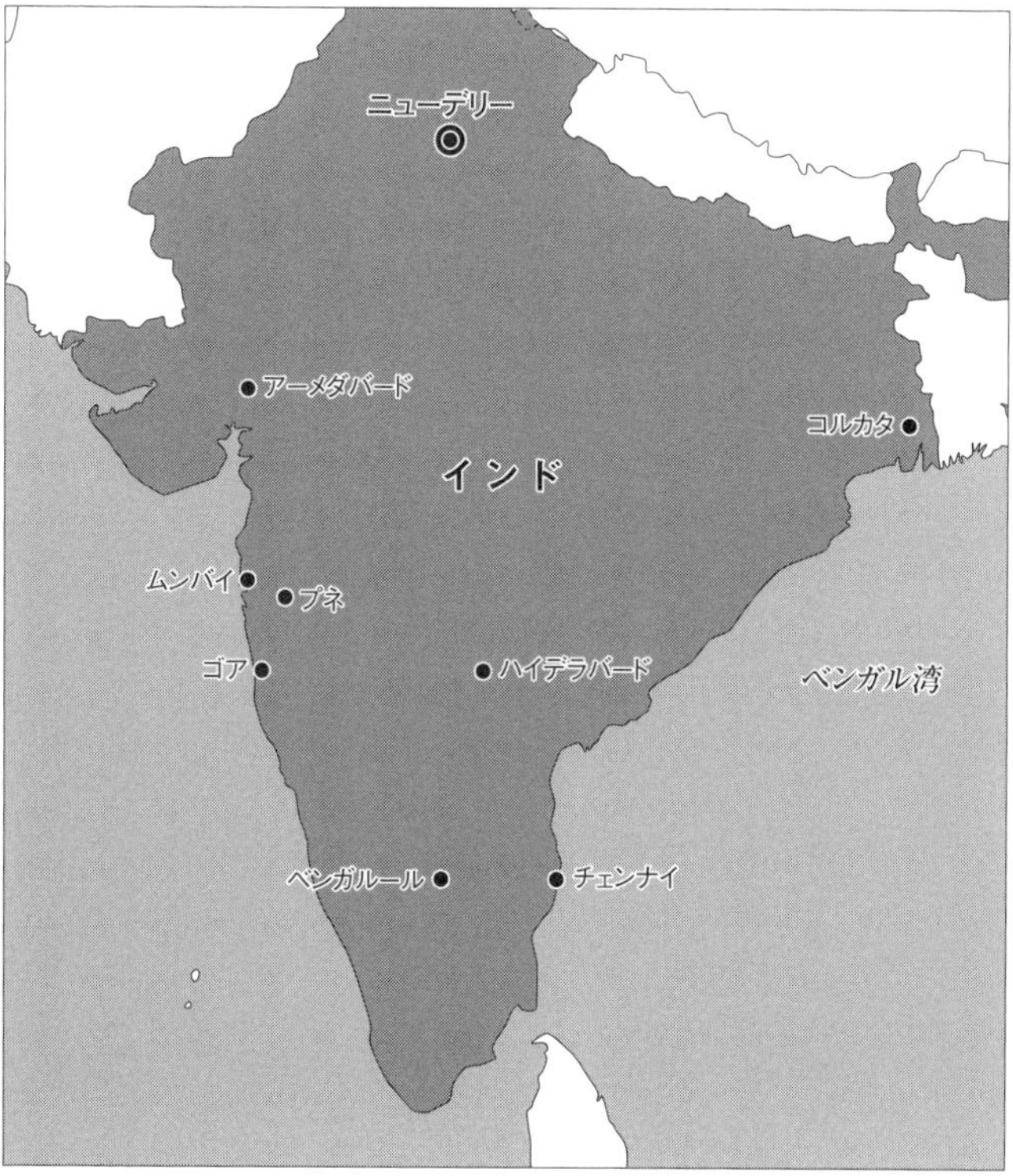

リッサ、ビハール地域の地租徴収、民事裁判権をイギリス東インド会社が持つことを認めさせたのである。私企業に過ぎないイギリス東インド会社が統治権を得たのである。さらに英国は一八五七年、東インド会社のインド人傭兵（セポイ）が起こした反乱を鎮圧し、ムガル帝国を消滅させ、インドの直接統治に踏み込んだ。

欧州の大航海時代は一五世紀にポルトガルが先行した。東地中海から中東を統治するオスマン帝国の壁に阻まれ、南アフリカを回って海からインド、アジアに向かわざるをえなかった。次いでスペインはメキシコのアステカを制圧し、太平洋を越えて東からアジアに現れ、フィリピンを支配した。その後を追う形で、英国がインドにやってきたのである。

イギリス東インド会社が設立された一六〇〇年ころ、ムガル帝国は第三代皇帝のアクバル（在位一五五六～一六〇五年）の治世で、北インドのほとんどが統治されていた。インドの建造物で誰しもが思い浮かべるタージ・マハルは、第五代皇帝シャー・ジャハーン（在位一六二八～五八年）が愛妃を偲んで、一六五三年に完成させた墓廟《ぼびょう》で、ムガル帝国の最盛期を象徴する建造物である。そのインドが大英帝国に壟断《ろうだん》されてしまうのである。タイ王国やイランなどが、それなりにもちこたえたのと対照的であり、「分断統治」、つまり宗教・民族などによる内部対立を利用した支配という構造が見て取れるのである。

［図6］ 三角貿易のしくみ

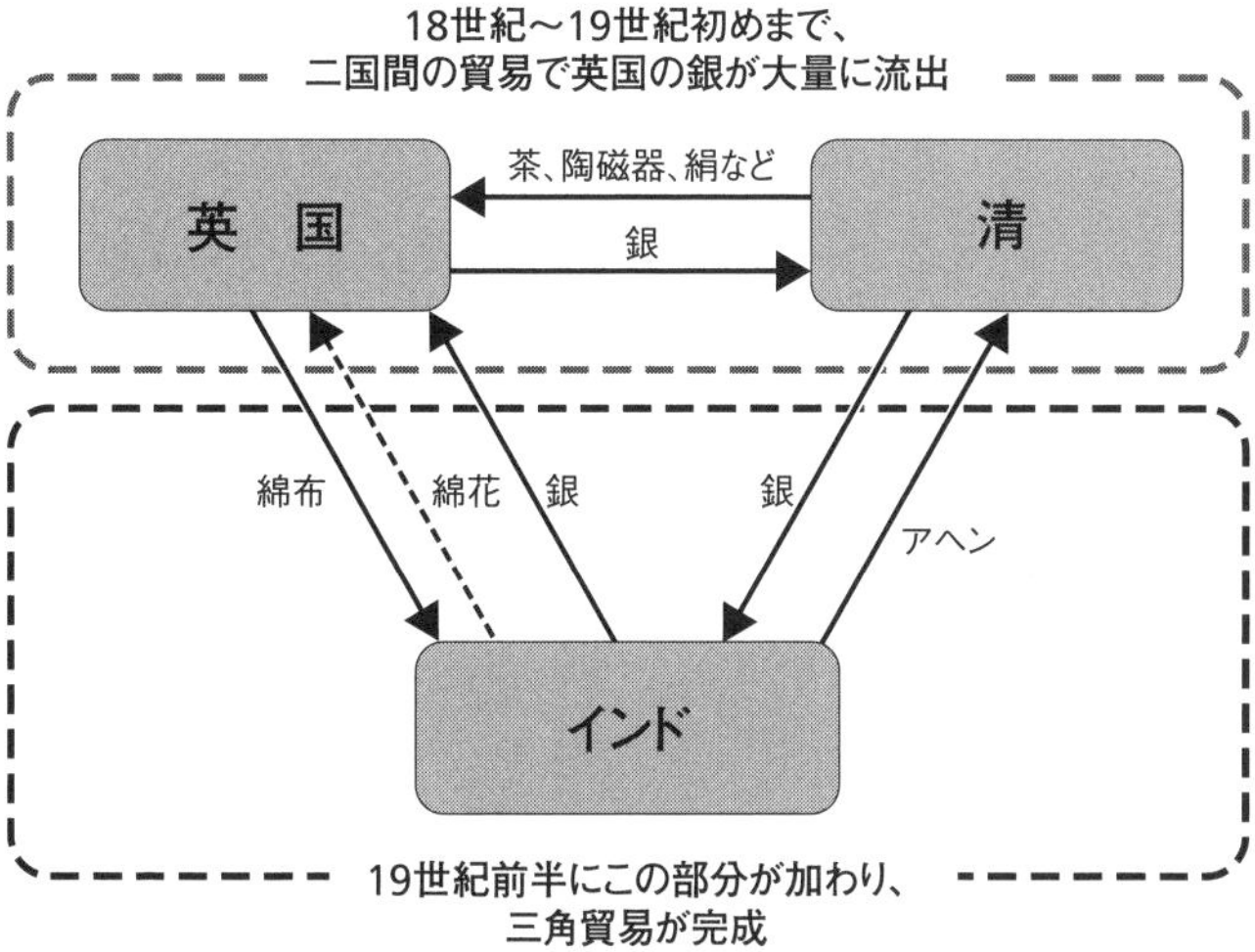

英東インド会社は一六三九年にインド南東部のチェンナイを取得し、マドラスと呼んで交易都市として発展させた。一六六一年にはチャールズ二世とポルトガル王女との結婚に伴い、持参金の一部としてインド西海岸のムンバイ（ボンベイ）が英国に委譲された。また、一六九〇年にはガンジス川支流のコルカタ（旧カルカッタ）に商館が開設されて、東インド会社のインド支配の首都となっていた。一八世紀半ばまで、英国は植民地支配をかけてフランスと抗争を続けたが、一七五七年にコルカタの北方で起きた前記のプラッシーの戦いで、フランス・ベンガル太守連合を打ち破り、インドでの英国の勝利を決定づけることになっ

た。

この時期の英国の東方戦略には、植民地支配の「悪魔の知恵」が展開される。英国は中国（清）から茶を大量に買いたかったが、英国にはその決済のために中国で売れる輸出品目がなかった。そこでイギリス東インド会社はインドでケシを栽培してアヘンをつくり、中国に売りつけ、英国は中国から茶や陶器を輸入するという三角貿易を生み出した。植民地で麻薬をつくり、それを中国に押しつけて、代わりに茶や陶器を得て大英帝国の繁栄のシンボルたる優雅なティー文化を築き上げたのである（図6参照）。まさしく悪の論理としか言いようがない。清国のアヘン取り締まり強化は、一八四〇年にはアヘン戦争へとつながる。アヘン戦争では英国はインド兵を使って中国と戦ったため、今日もインドと中国の間に深い溝が残る一つの理由となっている。大英帝国の東方戦略によって埋め込まれてしまった憎しみが横たわっているのである。

アヘン戦争後、インドではプラッシーの戦いの一〇〇年後にあたる一八五七年にインド大反乱（セポイの反乱）が起きる。英国の植民地支配に対する反乱だったが、英国軍はこれを押さえ込み、イギリス東インド会社を解散させることにし、一八五八年には英国王室が直接統治をする形となり、それが一九四七年の独立まで続く。

ベンガルールは九世紀より知られ、一六世紀半ばには城壁都市が築かれた。一八世紀末の第四次マイソール戦争では南インドを支配していたマイソール王国が英国に敗れると、英国による南インド支配の拠点となり、英国風の都市作りが進むことになった。海抜九二〇メートルの高原にあるため、南インドでも比較的過ごしやすい気候であり、現在ではIT産業だけでなく、重工業、航空宇宙産業、バイオテクノロジーなどの重要な企業が集中し、インド全土から高い水準の教育を受けた人材が押し寄せている。「インドへの道」は、英国のインド植民地支配のキャッチフレーズだったが、今回、それは形を変えて続いているともいえる。

シンガポール――ユニオンジャックの矢と大中華圏の接点として

シンガポールは国民経済における豊かさの指標とも言える一人当たりGDPではアジアのトップに立つ。二〇一五年は五・四万ドル（二〇一六年は五・三万ドル）であり、日本の三・五万ドルと比べても二万ドル近く上回っている。シンガポールの面積は東京二三区ほどで、人口は六〇〇万人に満たず、工業生産力もなければ、資源産出力もない。GDPとは付加価値の総和であり、そんな国がどうやって付加価値を生み出しているのか。シンガポールの豊かさの意味については、誰もが疑問に思うであろう。

人口の内訳を見ると、六〇〇〇万人弱のうち、七七%が中国系・華人華僑であり、マレー系が十四%、インド系の人が一〇%弱で、「印僑と華僑がせめぎ合う街」とも言われている。人口構成を見るだけでも、インドの発展を「大中華圏」へとつなぎ、「大中華圏」の発展をインドへとつなぐ役割を担っていることがわかる。

「大中華圏」とは、中国を本土の中華人民共和国の単体として捉えるのではなく、「連結の中国」、つまり中国と華人華僑圏、香港、台湾、シンガポールの有機的産業連携体として捉える視座のことで、私は二〇一二年に『大中華圏——ネットワーク型世界観から中国の本質に迫る』(NHK出版)を出版している。アジアを考えるとき、華人華僑の存在感は重く、東南アジアにはインドネシア(九五〇〇万人)、タイ(八〇〇〇万人)、マレーシア(七〇〇〇万人)など三五〇〇万人と言われる華人華僑が存在し、その中核が人口の四分の三を中国系が占める華人華僑国家シンガポールなのである。つまり、中国の成長力をASEANにつなぐ基点がシンガポールだとも言える。また先に触れたように、こうした大中華圏の発展をインド、さらにはユニオンジャックの矢につなぐ基点でもある。

セントーサ島には世界一の水族館と言われるシー・アクアリウムがあり、その一階に「海のシルクロード」の歴史を紹介するマリタイム・エクスペリエンシャル・ミュージアムがある。その入り口には明の永楽帝が派遣した鄭和《ていわ》の宝船《ほうせん》の実物大復元模型が設置され、その航海を映像で紹介するミニシアターもある。鄭和は一四〇五年を最初に生涯を通じて七次の航海を行い、最後の数次はペルシャ湾やアラビア半島のアデン、さらには東アフリカ海岸へと至ったとされる。なかには鄭和の艦隊がアメリカ大陸やイタリアまで行っていたのではないかという説を唱えている研究者（G・メンジーズ『1421——中国が新大陸を発見した年』、ソニーマガジンズ、邦訳二〇〇三年）もいるほどである。少くとも史実として、一五世紀初頭に、中国の船団がアフリカに辿り着いていたことは確かである。私たちは大航海時代というとヴァスコ・ダ・ガマがアフリカ最南端の喜望峰を経て、一四九八年にインドに至った姿を思い浮かべ、西から東へと動いていったように考えがちだが、それよりも早い時代に東から西への大航海があったのである。

このミュージアムでは、アラビア半島（アデン、メッカ）や東アフリカ（マリンディ）までに至る鄭和の航海の歴史と道のりを辿る展示がなされている。シンガポールの水族館が、なぜこうまでして鄭和の航海を取り上げるのかと言えば、これがまさに大中華圏における華人華僑の心理に訴えるものだからである。

海外在住の華人華僑は約六〇〇〇万人、東南アジアには三五〇〇万人と言われるが、その多くは中国の元や清という異民族支配の時代に、海外に移住した漢民族の子孫である。彼らは「漢民族を中核とする中華民族の歴史的栄光」に強い誇りを抱いている。鄭和の大航海もその栄光のシンボルなのである。

羅針盤、火薬、紙、印刷など人類の四大発明も中国によるものとされるが、この羅針盤があってこそ、航海術が大きく発展したのも事実である。こうしたことも含めて、西洋が主導した西から東への大航海時代よりも先行して、中国による東から西への航海があったことが中華民族の誇りなのである。その鄭和の航海は、現在では大中華圏の南端にあたるシンガポール付近（マラッカ）を何度も行き来する形で成し遂げられたということである。

シンガポールは一五世紀初頭にマラッカ王国が成立して以来、その傘下にあったが、その後、ポルトガル、次いでオランダのマラッカ侵攻という時代を経て、一八一九年にイギリス東インド会社の書記官トーマス・ラッフルズが上陸、英国によって貿易港として開発が進められた。一八二四年には、ジョホール王国から割譲されて英国の植民地となった。一八三二年には海峡植民地の首都となり、無関税の自由港政策を背景に人口が急増し、都市づくりが急速に進んだ。先述の悪名高き「三角貿易」の時代には、アヘンや茶の東西交易中継地として発展したのであ

［表4］ シンガポールの歴史

14世紀末	港町トゥマセクがシンガプーラと改称。サンスクリット語で「獅子の国」の意
1402年	マラッカ王国建国。シンガプーラも支配下に
1511年	マラッカ王国、ポルトガルの侵攻で滅亡。ポルトガル領マラッカ成立。 旧王族や商人の一部がシンガプーラに移住
1513年	ポルトガル侵略によりシンガプーラ壊滅
1641年	オランダとジョホール王国の侵攻により、オランダ領マラッカが成立
1819年	イギリス東インド会社の書記官ラッフルズが上陸。商館・港を建設開始。 シンガポール島の一部を英領に
1824年	ジョホール王国より英国へ植民地として割譲
1826年	シンガポール、マラッカ、ペナンの3都市が統合し海峡植民地に
1867年	海峡植民地、英国統治下へ
1942年	日本軍占領。「昭南島」と改名
1945年	日本の敗戦により、第二次世界大戦終結
1946年	英国直轄植民地に
1957年	マラヤ連邦独立
1959年	英連邦内でシンガポール自治政府誕生
1963年	マラヤ連邦、ボルネオ島2州とともにシンガポールも1州として マレーシア連邦が独立
1965年	シンガポール、マレーシア連邦から追放。独立国家に。 リー・クアンユーが首相就任
1967年	ASEAN発足。シンガポールも加盟
1971年	英国軍、シンガポールから完全撤退。 第1回英連邦首脳会議、シンガポールで開催
1990年	中国と国交樹立

る。マレー半島では天然ゴムのプランテーション開発が進み、また鉱石の積出港ともなった。

一九四二年には日本軍による攻撃を受けて占領され、軍政が敷かれたものの、一九四五年の日本敗戦によって、再び英国直轄領となった。一九五七年にはマラヤ連邦が独立するが、マレー人優遇政策を採ろうとするマレーシア中央政府と、華人が多くマレー人と華人の平等政策を進めたいシンガポール自治政府との間で対立が深まり、一九六五年にマレーシア連邦から追放される形でシンガポール共和国が分離独立するのである。「独立の父」リー・クアンユー率いるシンガポールの実験が始まるのである。

現在、アジア最大の金融センターと言えばシンガポールであり、ロンドンのシティとリンクしながら、中国や台湾、香港の大中華圏だけでなく、ASEANやインドなど南西アジアの国々をにらんだプロジェクト・エンジニアリングのベースキャンプになっている。世界の名だたる多国籍企業のアジア地域におけるヘッドクォーターがシンガポールに集中していることもあり、それぞれの企業やプロジェクトに専門人材を供給する人材養成拠点として、世界の名門大学がシンガポール校を設立している。英語圏という強みもあり、優秀な研究者や教育者が集まりやすい環境でもある。

これらは前掲著『大中華圏』でも指摘したことだが、ビジネス拠点としてのシンガポールの評価は確実に高まっている。例えば、世界的な会計・企業コンサルタント会社であるＰｗＣ（プライスウォーターハウスクーパース）の世界三〇都市の比較によるレポート「世界の都市力評価」を見ると、二〇一六年版ではシンガポールはロンドンに続く世界第二位で、アジアの都市の中ではダントツで一位の座を守っている。ちなみに東京は世界第一五位で、九位の香港、一一位のソウルの後塵《こうじん》を拝する結果となっている。このレポートによると、シンガポールは「技術の成熟度」「交通・インフラ」「ビジネスのしやすさ」の項目で一位となっているのが特徴である。

「シンガポール・モデル」という表現がある。先述のごとくシンガポールの一人当たりＧＤＰは五・三万ドル（二〇一六年）に達し、アジアの先頭を走る豊かな国となっている。ほとんど工業生産力を持たないこの国がどうやって付加価値を創造し、国民を豊かにしたか。その謎を解くキーワードの一つが「ＩＲ（統合型リゾート）」である。「Integrated Resort」、つまり統合型リゾートというと「カジノ」施設で観光客を呼び込むことと思い込んでいる向きもあるが、真に意味するところは知恵を絞って付加価値の高い観光を創造することなのであり、その意味でシンガポールこそ先行モデルというべきであろう。

拙著『新・観光立国論』（ＮＨＫ出版、二〇一五年）で紹介したことだが、先端的医療を提供する医療目的の観光が「医療ツーリズム」であり、医薬制度改革をテコにシンガポールは年間一五〇万人以上（二〇一五年）の外国人を「検診・入院」という形で引き付けている。また、国際会議場の提供という意味でも、シンガポールはアジア最高レベルの施設を有し、国際会議参加を目的とするコンベンション・ツーリズムの来訪者を引き寄せている。

「大中華圏」と「ユニオンジャックの矢」がクロスして、巨大なエネルギーを生み出しているのがシンガポールなのである。セントーサ島の南端に「ここがユーラシア大陸の最南端」という碑があるが、ここに立ちマラッカ海峡に沈む夕陽を眺めると何やら深い感慨を覚える。そして、この島を世界第二位の港湾（コンテナ取扱量）とし、アジアでナンバーワンの金融センター、IRの基地とした構想力には強い刺激を受けるのである。

ユニオンジャックの矢の第五の基点としてのシドニー
——資源大国化する豪州なる存在

最後にシドニーである。オーストラリアは英連邦を支える大きな国の一つで、元首は今日もエリザベス女王である。インドがIT大国化しているとすれば、オーストラリアは資源大国化してきており、石炭、天然ガス、鉄鉱石、ウラン、金などの輸出を軸に大きな繁栄を実現している（次頁・図7参照）。最近の資源価格の下落によって苦闘しているようにも見えるが、コンスタントに二％台の実質成長を維持している。

「黒いオーストラリア」という言い方があるが、オーストラリアは英国支配以前は先住民（アボリジニ）の住む地だった。ヨーロッパの人々にとってオーストラリアの存在は一六世紀後半には知られていたが、一七世紀半ばにオランダ人のアベル・タスマンが現在の北部と西部の沿岸地域を巡る程度に留まっていた。一七七〇年に英国人のジェームズ・クックがシドニー南方のボタニー湾に到着して領有を宣言し、英国の関心が高まっていく。英国からアメリカが独立した後、英国内で増えていた囚人をオーストラリアに送ることにしたのである。オーストラリアが正式に英国の植民地となったのは、流刑囚七八〇名を含む一五〇〇名の乗組員からなるアーサー・フィリップの船団が到着した一七八八年のことだった。日本の北海道開拓でも流刑囚を開拓民として使うことがあったが、以後「白いオーストラリア」として、流刑囚を中心にした入植者が続々と送り込まれることになる。一八三〇年までは白人人口の七割が流刑者だったという。流刑囚の輸送は一八六八年まで続き、実に一六万人以上の囚人がこの地に入植したのである。

[図7] オーストラリアの天然資源

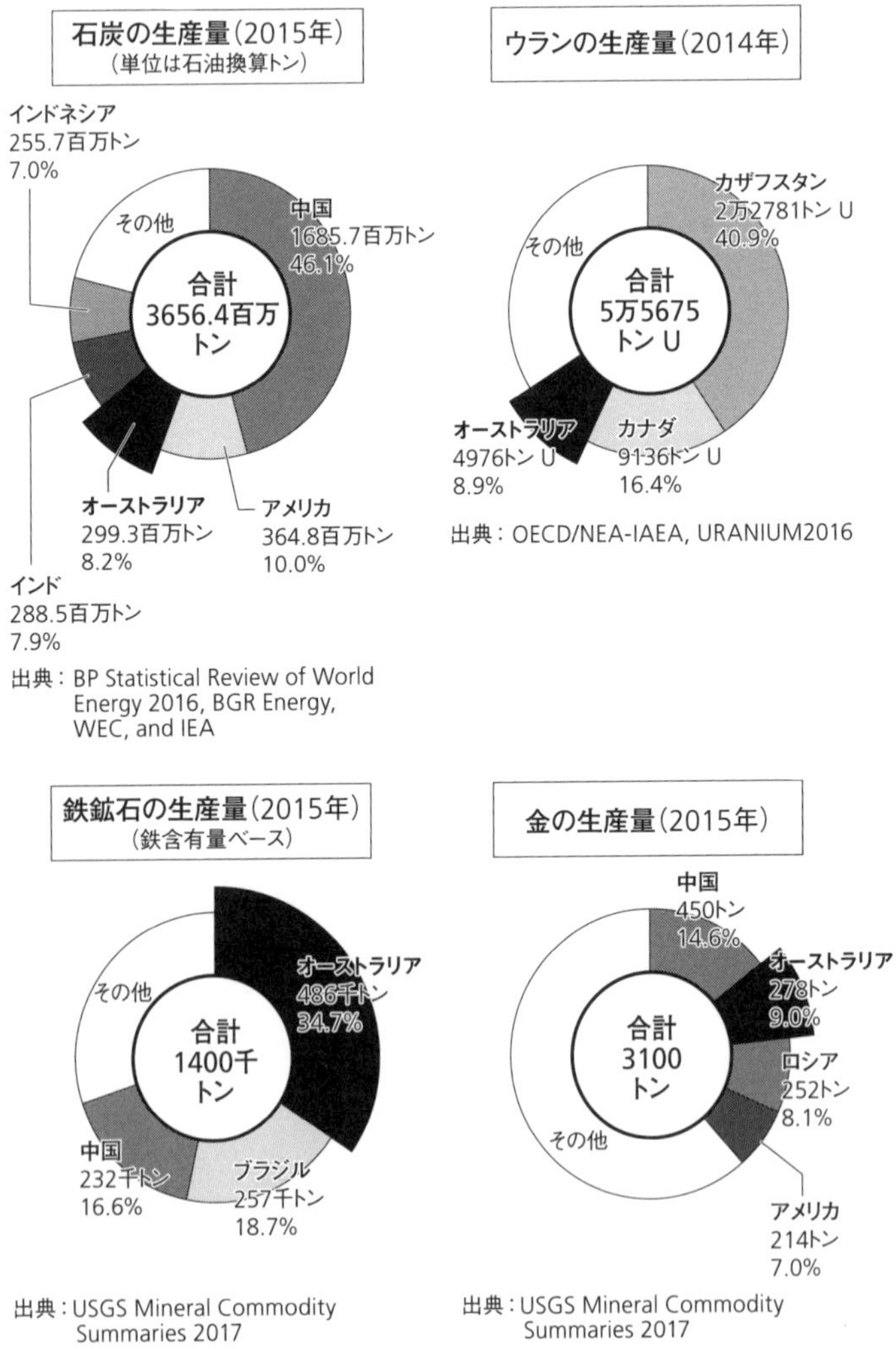

先住民の人口は英国の入植開始前には一〇〇万人程度だったとされるが、一九二〇年代には七万人にまで減ってしまった。土地を追われたこともあるが、英国からの入植者によって、天然痘や梅毒、麻疹《ましん》、インフルエンザなどの伝染病が持ち込まれたことが大きいとされている。長年にわたって同化政策もとられたが、現在では先住民の保護政策が進み、四〇万人程度まで回復してきているという。

一八三〇年代以降は、流刑制度に加えて補助移民という形での移民が人口の九八%を占め、英国の植民地としてのオーストラリアができあがった。一八五一年にはニュー・サウス・ウェールズ州とヴィクトリア州中央部で金が発見されてゴールドラッシュが沸き起こり、世界各地から移民が押し寄せるようになる。中国からも労働力として人が集まるようになり、これを嫌った白人たちによって、白人を優先する「白豪主義《はくごう》」がとられるようになる。一九世紀後半にかけて独立の気運が高まり、一九〇一年には六つの州が集まって、オーストラリア連邦が成立するのである。

シドニーも当初は流刑植民地であり、七五〇人の囚人が送られてきたのが始まりとされている。他の地域に先駆けて港湾や倉庫などの整備が進んで、一八世紀、一九世紀と商業が大きく発展し、やがてメルボルンをしのいでオーストラリアを代表する都市へと成長していく。旧市街にはオーストラリア準備銀行やオーストラリア証券取引所などが集まって金融センターとなり、鉄鉱石、金、天然ガス、石炭などの開発によって資源大国化する現在のオーストラリアを支える存在となった。

余談になるが、私はシンガポールをよく訪れ、シャングリラホテルで原稿を書いたあと、ホテルの付属施設のプールで泳ぐことがある。顔見知りの仲間が増え、話をしてみると、オーストラリアから来ているというビジネスマンが多いことに気付く。ロンドン・シンガポール間をシンガポール航空の四四〇人乗りのスーパージャンボエアバスA３８０で飛んでみても実感することだが、人の動きを見ても「ユニオンジャックの矢」は実体であり、このラインで人が動き、ビジネスが動いているのである。

改めていうまでもないが、エンジニアリングは資源開発やITの分野に新事業プロジェクトを組成して資金を供給したり、そこに的確な人材を提供したり、事業を成功させるモデルを確立するアプローチのことだが、「ユニオンジャックの矢」がエンジニアリングを支えるネットワークとして重要な役割を担い、世界の大きなプロジェクトを動かしている実感が強い。実際にそうした事業に参加している人なら、その通りだと言うだろう。共通の英語圏である強みで、事業企画書に翻訳や通訳を介して説明を加える必要はない。プロジェクトを行うときには、必ず専門の弁護士が加わって、どのようにリスクを分担し、回避していくかを法律にしたがって決めていくが、それもまた同じ英国法の枠組みの中で共通言語が成り立っているのである。つまり、共通のプラットフォームの上で機動的に事業展開できるのである。

それには教育と情報の果たす役割が大きい。「ユニオンジャックの矢」の中に住む人たちにとっては、ロンドンに行って高等教育を受けて、箔《はく》をつけて帰ってくるということが大きなアドバンテージになっている。同窓生ネットワークは大きいのだ。加えて、ロンドンには上質な情報が集積していることも重要な点である。私自身がなぜロンドンそしてユニオンジャックの矢に波状的に足を運ぶのかを考えてみると、既に述べたごとく、シンクタンク、アカデミズムなど専門性の高い情報が集積しているからである。こうした人たちとのネットワークに注意を払うことが国際情勢判断に重要になってくるからである。

ステルスサテライト——タックスヘイブンというもう一つの秘密兵器

ここまで、英国を深く理解するキーワードとして「ユニオンジャックの矢」というコンセプトを語ってきた。もう一つネットワーク型の視界で英国を捉える場合に、忘れてならないコンセプトがタックスヘイブン(租税回避地)である。次の章のブレグジットに至る事情にも絡む話なので、この段階で言及しておきたい。

二〇一六年に世界を揺るがした大きな問題として「パナマ文書」がある。中米のパナマにあるモサック・フォンセカ法律事務所の機密文書が持ち出され、公開されたもので、文書の作成期間は過去四〇年にわたり、一一五〇万件という膨大な点数にのぼった。ここで明らかになったのは、税金がきわめて安いタックスヘイブンに世界中から富が流れ込んでいる姿であり、それを利用して税金逃れに奔走する世界的な企業家や富豪、著名人の姿だった。

ロンドンの金融街シティはこのタックスヘイブンを利用してきた歴史があり、タックスヘイブンはその見えざる出先という意味で「ステルスサテライト」と言える。金融業に共通する関心事は投資によって最大限の利益を生むことであり、その利益をいかに金融規制から逃れ、蓄積するかということにある。その常套手段の一つが「節税対策」としてのタックスヘイブンの活用なのである。

英国に関係するタックスヘイブンというと、カリブ海に浮かぶ英国領の島々がまず思い浮かぶ。タックス・ジャスティス・ネットワークという英国の市民団体によると、多国籍企業や資産家などがタックスヘイブンに隠し持っている資金は二三一〇兆円から三五二〇兆円とされる。

［図8］英国の王室属領

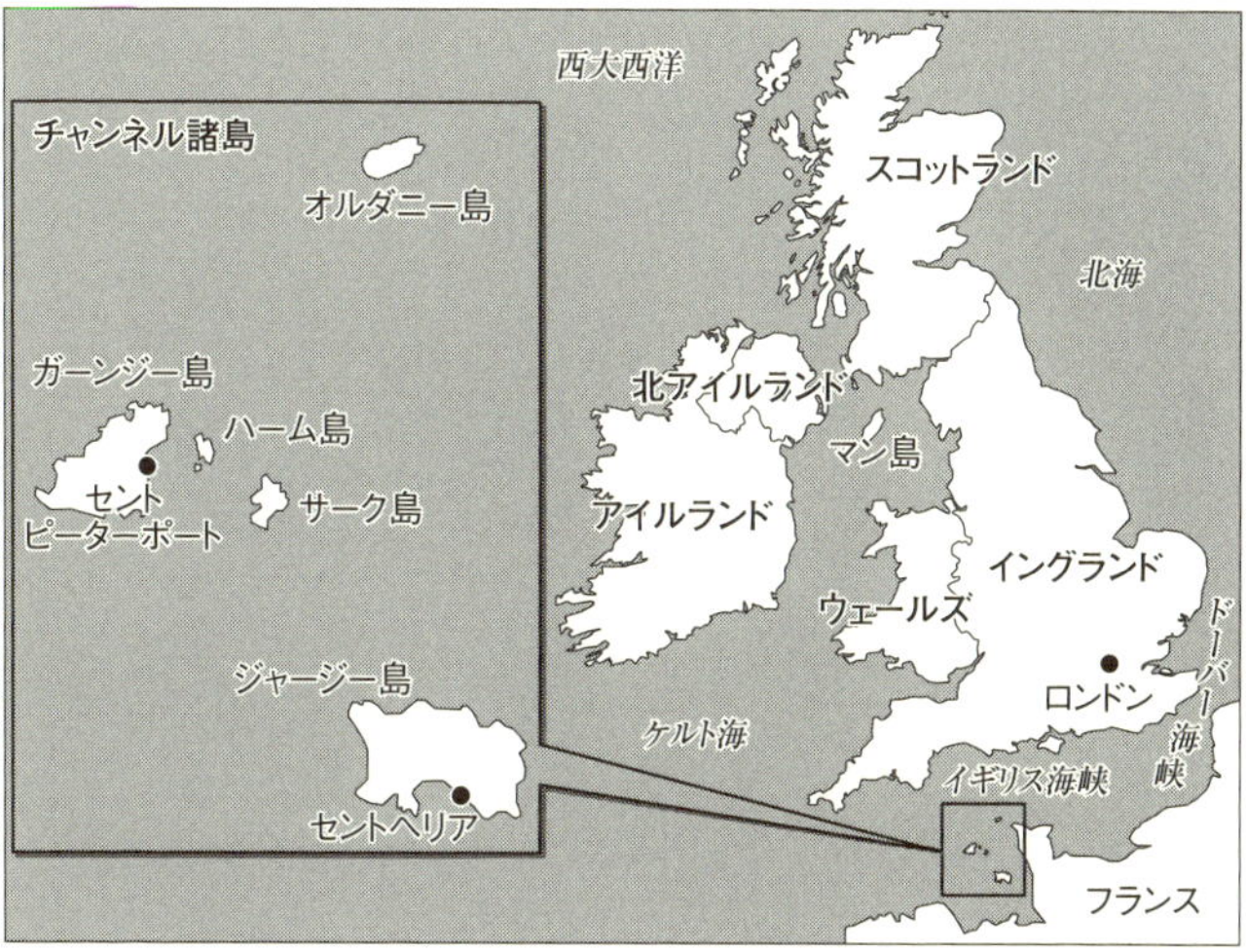

英国の王室属領は次の3つの地域からなる。カッコ内は主な島。

・ジャージー代官管轄区（ジャージー島）
・ガーンジー代官管轄区（ガーンジー島、オルダニー島、サーク島、ハーム島）
・マン島

タックスヘイブンの中でも最も資産規模が突出しているのはケイマン諸島であり、英国領ではそのほかにもバミューダ諸島、ヴァージン諸島などがある。

これら以外で最近話題になっているのが、ジャージー島、ガーンジー島という英仏海峡に浮かぶ島々である。ジャージー島、ガーンジー島は周囲の小さな島も含めてそれぞれジャージー代官管轄区、ガーンジー代官管轄区に属し、厳密にいえば英国領ではなく、英国の王室属領（図8参照）であり、英国の君主を元首とする。しかし、「グレートブリテンおよび北アイルランド連合王国」と言うときの連合王国には含まれず、なおかつ英連邦でもないという不思議な位置にある。もともとフランス王国からノルマン人のノルマンディー公に与えられた土地の一部だったが、一一世紀にノルマンディー公ウィリアム一世がイングランド王となったことなどから、英国の王室属領となった。

人口はジャージー代官管轄区が約一〇万人、ガーンジー代官管轄区は六万五〇〇〇人ほどである。私たちにとってなじみ深い話としては、ジャージー島はジャージー牛乳で有名な乳牛のジャージー種の原産地であり、また、Tシャツに袖の付いた服のジャージーの語源でもあると言われる。ジャージー島、ガーンジー島ともに農業と観光が主要な産業だが、それ以上に金融業の存在感が大きい。タックスヘイブンとして、さまざまな外国企業が現地法人をつくっているのである。

現在、EUを中心にタックスヘイブンでのお金の動きを透明化し、規制を行おうとする動きがあるが、次章でも触れるように、シティの一部はこうした規制に恐怖心を抱き、それがブレグジットへ向かう一因となった側面がある。正式に離脱手続きが終わるまで英国はEUに留まっていることになるが、王室属領は英国領でもないため、そもそもEUに属していないのである。また、経済政策では一定の独立性が保たれていて、英国王室属領ということで英国政府でさえなかなか手を出せないという事情がある。英国系のタックスヘイブンの中でも特殊な位置にあり、そこをシティの金融機関やヘッジファンドは上手に利用している。つまり、英国に関係の深いタックスヘイブンであるケイマン諸島やバミューダ諸島などの英国領に加えて、英国王室属領まで含めて、その複雑なステータスを巧みに利用して税制面でのメリットを最大限引きだそうとしているのである。

世界の投資家たちの本音としては、それがシティの魅力の一つにもなっているとも言える。自分たちの資金を、最先端のフィンテックで運用して利益を上げて、さらにはその利益をタックスヘイブンで蓄積できる場所を用意してくれるというメリットがあるのである。

「ユニオンジャックの矢」というストレートラインに加えて、英国領のタックスヘイブンや王室属領のジャージー島、ガーンジー島が「ステルスサテライト」、つまり目に見えない衛星のように地球上に散りばめられている。金融とエンジニアリングを巧みに使って影響力を行使しているシティがイメージできるようになると、英国の不気味な底力が見えてくるはずである。

第四章　ブレグジットをもたらしたもの

——英国と欧州の複雑で微妙な関係、そしてシティの本音

チャーチルの「欧州合衆国」構想とクーデンホーフ＝カレルギー伯爵

英国人のことを「リラクタント・ヨーロピアン」と呼ぶ人がいる。リラクタント（reluctant）は形容詞で、辞書では「気乗りのしない、気の進まない、渋々の」といった意味である。つまり、「リラクタント・ヨーロピアン（reluctant European）」とは、嫌々ながらのヨーロッパ人、ためらいがちなヨーロッパ人といった意味なのである。英国とEUの関係のニュアンスをうまく表現した言葉と言えるだろう。

現在のEUにつながる欧州統合の構想は、必ずしも第二次世界大戦後のものではない。歴史的に欧州にはかつてこの地を広域支配していた「ローマ帝国の栄光」という下絵があり、統合への深層願望が潜在しているとも言える。とはいえ、やはり直接的には第二次世界大戦後の省察から生まれたものと言える。二〇世紀前半における二つの大戦を経験した欧州は深く傷ついた。第一次世界大戦で約一〇〇〇万人、第二次世界大戦で約二五〇〇万人（ソ連を除く戦没者数）といわれる人命が欧州だけで失われた。二度とこのような戦争があってはならないという思いから、戦争終結の前後から欧州の平和を構想するアイデアが次々に出された。一九四六年九月、前年の総選挙で敗れて野党となっていた英国のチャーチル保守党党首がスイスのチューリッヒ大学で演説を行い、「欧州合衆国（united states of Europe）」を提案している。

実は、チャーチルは一九三〇年代から、フランスの外相A・ブリアンの「欧州合衆国」構想への賛意という形で、欧州統合への理解と共鳴を表明していた。彼の問題意識の背後には、ロシア革命後のソ連の脅威に対する欧州の結束という意図が存在していた。しかも、英国がその一翼を担う欧州合衆国ではなく、大英帝国は厳然と存在し、英国が支持する形で大陸側の独仏が主導・連携する欧州連携をイメージしていたと言える。つまり、連邦主義的な欧州統合に、英国が国家主権を譲渡して参画するというものではなかった。

チャーチルは戦後の一九四六年三月にアメリカで「鉄のカーテン」と題した有名な演説を行い、戦後に入って米ソ冷戦の緊張状態の中でソ連に対して欧州が結束していかねばならないとも述べていた。チューリッヒ大学での演説では欧州の平和とともに、冷戦下の緊張関係をみつめ、欧州をアメリカ合衆国ならぬ「欧州合衆国」にしていくことの必要性を訴えたのである。この欧州合衆国という発想には、チャーチルと交友のあった「欧州統合の父」ともいわれるリヒャルト・クーデンホーフ＝カレルギーの影響があったと言われている。

実は、このクーデンホーフ＝カレルギーについて私には特別の思いがあり、触れておきたい。

戦後の欧州に地域統合を進めようという考え方があることを私が初めて知ったのは一九六三年、北海道・札幌の高校生だった一六歳の頃であった。地元の北海道新聞でクーデンホーフ＝カレルギーの存在を知ったことがきっかけである。一九二〇年代半ばから「欧州統合」を提唱し、戦後の欧州で現実味を帯びてきた動きを理論的に主導した「欧州統合の父」とも呼ばれる人物で、しかも彼の母親が日本人だということに興味を惹かれた。新聞を読んだ後、彼の著作を調べてみると日本語訳が鹿島出版会から出ていることがわかったが、高校生にとっては高額で手の届かないものだった。そこで厚かましくも翻訳者でもあった鹿島建設の鹿島守之助氏に「お古でもよいから送ってほしい」と手紙を書いたところ、なんと何週間か経って、何冊もの本が入った小箱が送られてきたのである。

このとき、鹿島守之助氏の秘書として、札幌の高校生だった小生に対応してくれた幸田初枝さんが私の手紙を保管してくれていたこともあり、汗顔《かんがん》の思いで、四〇年以上も前に自分が出した手紙を目にすることになった。そのことは「四六年前の手紙と寺島文庫」（二〇〇九年七月号『世界』『脳力のレッスンⅢ』所収、岩波書店）に書いたが、友人の渥美直紀氏（鹿島守之助氏の孫）の配慮もあり、東京・九段下の寺島文庫には、私の拙い手紙のみならず鹿島平和研究所刊行の『日本外交史』（全三四巻、別巻四巻）などが寄贈され配架されている。つまり、本書の冒頭で書いた一九七五年の最初の訪英の一二年前の高校生の頃から、不思議な縁で私は欧州統合に関心を寄せてきたことになる。

興味深いのは、クーデンホーフ＝カレルギーの出自である。ボヘミアの伯爵家の一族であり、一八九二年に父のハインリヒがオーストリア＝ハンガリー二重帝国の駐日特命全権大使として赴任し、妻とした日本人女性の青山光子との間の次男として一八九四年に日本で生まれたのがクーデンホーフであった。父の大使の任期が終わった一八九六年に幼くして欧州へ移り、ちょうど第一次世界大戦の始まった一九一四年にウィーン大学に入学している。欧州統合について書かれた『パン・ヨーロッパ』の出版は一九二三年のことである。

神聖ローマ帝国からオーストリア＝ハンガリー二重帝国へと続くハプスブルク家の歴史を考えると、欧州統合は決して空想的な概念ではないことがわかる。欧州にはローマ帝国という栄光の歴史があり、トラヤヌス帝の時代（九八〜一一七年）には最大版図となり、東のメソポタミアから西はイベリア半島、ブリテン島までを支配下に収めた。三九五年、テオドシウス一世の死去とともにローマ帝国は東西に分かれ、その後、西ローマ帝国はゲルマン人の移動などによって四七六年に滅びる。東ローマ帝国はビザンツ帝国となり一〇〇〇年以上も存続するが、一四五三年にオスマン帝国によって首都コンスタンチノープルを奪われ、滅亡する。

西ローマ帝国の滅亡後、五〇〇年も経ってから欧州の中央に登場するのが「神聖ローマ帝国」である。始まりは九六二年にドイツ王オットー一世がローマ教皇ヨハネス一二世から「皇帝」位を授かったことにある。皇帝といっても実際には諸王を束ねる王という意味であり、その後一〇〇〇年近くも中央ヨーロッパを支配するものの、明確な領域も単一の言語も特定の国民もない、ある種の虚構の存在である。一〇世紀には皇帝称号が登場したものの、公式文書に「神聖ローマ帝国」の国号が登場するのは一二五四年のことである。その後、一三五六年には制度が整い、皇帝選挙規定で皇帝を選ぶ「七選帝侯」が定められた。一一世紀末から五回にわたる十字軍の遠征への参加は、欧州のキリスト教共同体を束ねるという意味で、神聖ローマ帝国のアイデンティティを高めたと言える。

ハプスブルク家はもともとスイス地方の一諸侯だったが、一二七三年に神聖ローマ帝国のドイツ王に選出され、一四九三年に即位したマクシミリアン一世以降、神聖ローマ帝国の皇帝はハプスブルク家の世襲となっていく。最も繁栄したのは一五一九年に即位したカール五世の時代で、婚姻関係からネーデルラント、スペイン、ナポリ、シチリアなどの王国や領地を継承し、欧州だけでなく、その植民地まで含めると世界にまたがる一大帝国が生まれた。

しかし、カール五世の時代はマルチン・ルターによって始まる宗教改革（一五一七年）の時代でもあった。一七世紀に入るとプロテスタントとカトリックの間の宗教対立が熾烈《しれつ》になり、欧州全土を巻き込む三〇年戦争へと発展していく。一六四八年に三〇年戦争が終わると「ウェストファリア条約」によって、神聖ローマ帝国はオーストリアの地に閉じ込められて、帝国としての実体を失い、いわば死に体となる。神聖ローマ帝国の名前だけはそのあとも一五〇年にわたって残ったが、フランス革命後、一八〇六年にナポレオン軍に敗れ、当時皇帝だったフランツ二世はついに神聖ローマ帝国の解散を宣言するのである。フランツ二世はオーストリア帝国の初代皇帝となり、その後、オーストリア帝国は一八六七年にオーストリア＝ハンガリー二重帝国として生まれ変わる。しかし、一九一八年に帝国内の民族が次々に独立し、それを抑えきれなかった皇帝カール一世は亡命して、ついに六五〇年に及ぶハプスブルクの帝国は崩壊してしまったのである。

リヒャルト・クーデンホーフ＝カレルギーの父が、オーストリア＝ハンガリー帝国の大使として日本へ赴任したことは先に触れたとおりである。こうした歴史の中を生きてきたハプスブルクの伯爵クーデンホーフ＝カレルギーにとって、欧州をキリスト教共同体として統合したいという思いは歴史的記憶への回帰であり、「ハプスブルクの夢再び」という心理があったかもしれない。欧州統合の思想は二〇世紀の二つの大戦の反省から生まれただけでなく、深い歴史的な背景を持っているのである。

　クーデンホーフ＝カレルギーの『パン・ヨーロッパ』は、第一次世界大戦後の一九二三年に出版されて話題となり、日本でも一九二六年には翻訳出版された。訳者は若き外交官だった永富守之助であり、のちに鹿島組を近代的な総合建設会社へと進化させ、参議院議員になり、鹿島平和研究所、鹿島出版会などを主宰した鹿島守之助、その人である。

『パン・ヨーロッパ』の中でクーデンホーフ＝カレルギーは、世界はパン・ヨーロッパ、パン・アメリカ、北東アジア、ロシア連邦、イギリス連邦の五つの地域でまとまり、平和を維持するべきだと主張している。欧州はドイツとフランスが結束してヨーロッパ人となるか、共倒れとなるかであり、第一次世界大戦のあと、ドイツが帝政からワイマール共和国となったのはチャンスだと言うのである。

　クーデンホーフ＝カレルギーの影響を受けたとされる一九四六年のチャーチルの演説には、次のようなくだりがある。

「この共通の遺産をわかちあうために、いつの日か欧州が団結したならば、われわれの幸福と繁栄と栄光には限界がなくなり、三億人または四億人のヨーロッパ人が、それらを享受できるようになるだろう。……われわれは一種のヨーロッパ合衆国を創設しなければならない。そうすれば……何十万人もの労働者が、生きるに値する生活を送るための素朴な喜びや希望を取り戻すことができるだろう。ヨーロッパが決定的な破壊から救われようとするなら、……ヨーロッパが一つの家族となり、あらゆる罪を許し合うことを表明しなければならない」

チャーチルは、欧州という家族を再生する第一歩はフランスとドイツの協力関係であると述べている。一方で、大英帝国の存続は前提としてあり、英国は欧州合衆国を支援するというのである。こうしたところにも「ためらいがちのヨーロッパ人」としての英国人の意識が顔をあらわしている。アイデンティティを英国に置きながら、ためらいがちのヨーロッパ人としての歴史を探っていたのが英国なのである。

英国のEC加盟への道のり

戦争終結から三年後の一九四八年、オランダのハーグで開催されたハーグ・ヨーロッパ会議では、「欧州連邦」の設立を支持する意見と、国民国家の主権を尊重しつつ協調体制を深めていくという意見の間で対立が起き、翌年開かれた欧州審議会でも結論を導き出すことはできなかった。

こうした中で、一九五〇年五月九日には「シューマンプラン」が発表される。フランスの戦後経済復興計画を立案したジャン・モネの意見を元に外相のロベール・シューマンが提案したもので、欧州連邦の第一歩として、軍事と経済にきわめて重要な石炭と鉄鋼の生産を欧州共同で管理しようという内容だった。この提案は西ドイツのアデナウアー首相にも支持され、戦勝国のフランス、敗戦国のドイツという国家のわだかまりを越えて協力関係を高めていく方向が確認された。こうして独仏の両国にイタリア、オランダ、ベルギー、ルクセンブルクを加えた六か国で、一九五一年に欧州石炭鉄鋼共同体（ＥＣＳＣ）が設立される。現在では、シューマンプランが発表された一九五〇年五月九日は欧州統合の記念日となっている。

これによって独仏の和解のプロセスから、欧州統合への動きが生まれたのであるが、注意深く見抜くべきは独仏の本音である。このことは今日に至る欧州統合の流れに深く埋め込まれてきた本質とも言えるが、なぜ独仏は欧州統合に動いたのかを考えるならば、「ドイツの再生、強大化」に対する独仏それぞれの思惑に気付く。フランスは再びドイツが強大化することを恐れ、欧州という「共通の家」にドイツを閉じ込めて制御しようとし、ドイツは二度も欧州に戦争という災禍をもたらしたことへの欧州諸国の不信を、自ら欧州という「共通の家」に収まることで払拭しようという意図が存在したことは間違いない。「ドイツの強大化」を制御すると

［表5］ 欧州統合の歩みと英国の動き

1950年	ロベール・シューマン仏外相が独仏の石炭・鋼鉄産業の共同管理を提唱（シューマン宣言）
1952年	欧州石炭鉄鋼共同体（ECSC）設立
1957年	欧州経済共同体（EEC）、欧州原子力共同体（EAEC、もしくはEURATOM）設立（ローマ条約発効）
1960年	英国を中心に欧州自由貿易連合（EFTA）設立
1967年	欧州石炭鉄鋼共同体、欧州経済共同体、欧州原子力共同体の主要機関を統合。総称は欧州共同体（EC）となる
1968年	関税同盟完成。欧州共同体加盟国間の関税撤廃
1973年	英国、欧州共同体に加盟
1975年	英国、EC残留を問う国民選挙。残留派多数
1993年	単一市場始動。マーストリヒト条約発効により欧州連合（EU）創設
1999年	統一通貨「ユーロ」導入（2002年流通開始、英国は不参加）
2009年	リスボン条約発効
2016年	英国、EU離脱の是非を問う国民選挙。離脱派多数により、EU離脱へ

いう意図が欧州統合の隠されたアジェンダであったことは深く認識しておくべきであろう。

一方、英国は立場を異にしていた。第二次世界大戦では、ナチスドイツが一九四〇年五月にベネルクス三国とフランスに電撃的に侵攻し、ほぼ一か月後にはパリに無血入城し、フランス政府は降伏、一九四四年までフランスは実質上、ドイツの占領下に置かれることになる。それに対して、英国は一九四一年八月にアメリカとの間で大西洋憲章を結び、アメリカの参戦を得ることでナチスドイツに対抗し、米英が主力となった連合軍のノルマンディー上陸を契機にフランスをはじめとする欧州各国を解放していった。

戦争終結当初、欧州の将来像を模索する中で、戦勝を主導した英国には独仏が動く前に英国主導で欧州を統合していくという考え方があった。それが前掲のチャーチルの演説にも現れていると言える。しかし、英仏関係を基軸にして敗戦国のドイツとの関係を築くという方向と、独仏連携で統合を模索する方向との間の綱引きが続く中で、次第に英国が後退して、独仏連携による欧州統合が見えてきたのである。

英国とフランスの関係に大きな変化が生じたのは、一九五六年一〇月のスエズ戦争がきっかけである。エジプトのナセル大統領がスエズ運河の国有化宣言を行ったことに反発した英国は、フランス、イスラエルと手を組んでエジプトに侵攻し、スエズ運河を奪取してナセルを追い出そうとした。英国は国連安全保障理事会でアメリカの賛同を得られることを期待していたが、アメリカはソ連と一緒になって反対し、停戦と即時全面撤退を勧告した。これによって英仏とアメリカとの対立が際立つことになり、やむなく英国のイーデン首相は軍事行動を一一月六日に停止した。アメリカの意向により腰砕けになった英国に対し、フランスの失望が深まり、欧州統合においても英仏連携に大きな亀裂を生むことになったのである。

一九五七年にはローマ条約によって、欧州経済共同体（ＥＥＣ）と欧州原子力共同体（ＥＡ

EC）が誕生した。参加国はフランス、ドイツ、イタリア、ベルギー、オランダ、ルクセンブルクの六か国である。英国を除いた枠組みが先行した形になり、大陸の欧州統合と英国の間に亀裂がはっきりと現れてきた。アメリカの力を借りながらとはいえ、ナチスドイツからフランスをはじめとする欧州各国を解放した英国は、戦勝国として戦後の欧州を主導するはずだったが、ドイツとフランスの和解のプロセスに後ろからついて行くことになった。一九五七年のEECとEAECの設立に対して、英国は一九六〇年にオーストリア、スウェーデン、スイス、デンマーク、ノルウェー、ポルトガルとともに欧州自由貿易連合（EFTA）をつくり、独自路線を試みた。

一方、フランスでは一九五八年に第五共和政となり、ド・ゴール大統領が就任し、アルジェリア戦争によって混乱に陥っていたフランスを立て直していく。英国が大英帝国の後退とともにアメリカとの大西洋同盟を意識していたのに対し、ド・ゴール大統領は欧州でのアメリカの影響力拡大を嫌う傾向が強かった。EECの経済成長力が高まることを見て取った英国のマクミランの保守党政権は、一九六三年にEEC加盟を申請するが、ド・ゴール大統領の反対に遭って実現しなかった。さらに、ウィルソンの労働党政権となった一九六七年にも二度目のEEC加盟申請を行うが、やはりド・ゴール大統領の拒否に遭ったのである。この年には、これまでの欧州石炭鉄鋼共同体、欧州経済共同体、欧州原子力共同体を統合し、欧州共同体（EC）が生まれた。

一九六九年四月にド・ゴールが大統領を辞任したあと、次のポンピドゥー大統領と英国のヒース首相の間で新しい動きが起きて、一九七三年の英国のEC加盟へとつながっていく。英国は、戦後の欧州統合の主役を演じることもできず、遅ればせながらの欧州共同体への加盟となった。この経緯こそ、英国がリラクタント・ヨーロピアンと呼ばれる所以なのである。

そして一九七五年、英国でEC残留を問う国民投票が行われ、残留派が勝利した直後に私がロンドンに足を踏み入れたことは、第一章で触れた通りである。三井物産が、欧州での経営体制を統合しようとしたいきさつは以上のようなことが背景になっていたのである。英国にはこのあとも常に欧州統合に対する懐疑派が存在し、それが約四〇年後の二〇一六年のキャメロン政権下での国民投票、そしてブレグジットへとつながっていくことになる。

ブレグジットをもたらしたキャメロン首相の誤算

英国のEU離脱は二〇一六年の世界を揺るがす出来事となった。この節では、なぜ英国はE

Uを離脱することになったのかについて、整理しておきたい。

まず指摘せざるをえないのは、国民投票に踏み切ったキャメロン首相の誤算である。キャメロン首相のボタンの掛け違いが、結果としてEU離脱をもたらしてしまったのである。愚かなまでの誤算だった。

二〇一五年五月七日に議会の総選挙が行われたが、キャメロン首相はその選挙に臨むにあたって、保守党内の亀裂を抑え込む必要に迫られていた。リーマンショックのあと、二〇一〇年代になってEU内のソブリンリスク（国債などの債務不履行のリスク）が表面化してきた。ユーロ危機が叫ばれ、ギリシャやアイルランドなどへ財政支援を行う枠組みがつくられ、それに伴い、EU加盟国に対しては財政規律の強化が求められた。英国はEUの一員でありながらユーロを導入せず、大陸欧州と一定の距離をとってきた国である。英国内ではEUの決定に対して不満が高まり、EUの一員であることに対しても疑問の声が上がるようになった。特に保守党では従来からEU本部のあるブリュッセルの政策決定に対して不満を抱く者が多く、EU離脱を求める動きが拡大していたのである。

その一方で、英国からの独立を訴えるスコットランド民族党の勢いが増し、総選挙の結果、議席を大幅に増やすことが予想されていた。また、二〇一四年五月の欧州議会議員選挙では、欧州懐疑主義を掲げるイギリス独立党が英国割当分の七〇議席のうち二四議席を獲得し、二〇議席の労働党、一九議席の保守党を抑えて第一党となるなど、EU離脱を求める勢力は無視できない存在になっていた。

そこで、キャメロン首相は、EU離脱をも選択肢だと匂わせることで、自らの保守党を束ね、ほかの政党の台頭を抑えて、自分の政権基盤を安定させようとしたのである。そして、総選挙の保守党の公約として、二〇一七年末までにEU離脱の是非を問う国民投票を行うと大見栄を切ったのである。本来なら、やらなくてもよい国民投票だった。

総選挙はEU離脱支持派の票も取り込んで保守党が勝利し、第一党を獲得した。もともとはEU残留派だったキャメロン首相だが、公約に従って、二〇一六年二月二〇日、EU離脱の是非を問う国民投票を六月二三日に行うことを発表した。キャメロン首相の本音としては、EUとの政策協議においてEU離脱をちらつかせて強面《こわもて》の交渉を行い、EU側の譲歩を引き出し、その成果を訴えて、何とか英国がEUに残留することを狙ったのである。

ところが、皮肉なことに四月に入るとタックスヘイブンを巡る「パナマ文書」の公開という事態が起こった。そこには、キャメロン首相の亡き父のイアン・キャメロンの名前があったことから衝撃が走った。タックスヘイブンを使って、キャメロン一族は税金逃れをし、財を蓄えたとされ、キャメロン首相に対して、急速に批判が高まったのである。キャメロンが放つエリート臭に対する嫌悪感とあいまって、EU離脱派が勢いづくきっかけになった。芝居がかったEUに対する強面路線が、自分にバックファイアすることになったのである。

国民投票が近づくにつれて、キャメロン首相は必死になって英国のEU離脱に反対し、残留を支持するように訴え続けなければならなくなった。キャメロン首相のこうした一連の誤算と彼自身の不人気が、今回のブレグジットにつながったことは否定できないのである。

英国人のプライドと苛立ち――「ユーロリベラリズム」への疑問

ブレグジットに至った二つめの大きな要因は、英国人の持つプライドと苛立ちだと言える。この要因も実は複雑であり、根が深い。国民投票の前後に流れたさまざまな報道では、英国はEUが定めたルールに従って多くの移民を受け入れていた結果、移民が英国人労働者の職を奪うことになり、それに対する苛立ちからナショナリズムの気運が高まって、EU離脱へと傾くことになったという解説が多かった。確かにそうした要素もあると思われる。しかし、私が注目したいのは、短絡的なポピュリズムの文脈ではなく、英国の知識人や一定以上の教養をもつ人たちが、意外なほど、EU離脱に賛成していたという事実である。

例えば、『ジャッカルの日』『オデッサ・ファイル』などで知られる作家のフレデリック・フォーサイスは「私自身は小英国主義者ではない。ヨーロッパに深く親しみ、四カ国語を話し、この大陸を愛している。ただ平和と友情のための協力や協調であれば、私も諸手を上げて賛成するだろう」とした上で、次のように言っている。

「――だが、そうではない。これは支配の話なのだ。私は自分の国が、外国の都市にいる非選出のスーパー官僚たちに従属するようになることに賛成したことは一度もない。従属こそが今回の焦点なのだ。欧州委員会は英国政府の意向を抑え込める。欧州司法裁判所は英国最高裁判所の決定を覆し得るが、その逆のことは決して起こらない」(「週刊新潮」二〇一六年九月一日号)

また、『消されかけた男』などで知られる同じく私が好きな作家のブライアン・フリーマントルも次のように述べている。

「――ブレグジットを強く支持した1741万742人の有権者のひとりとして、私はEUがあと10年以内に内部崩壊すると予測しよう――。実際、その時期がさらに早まるという試算もある。理由は過剰な官僚体制と説明責任の回避、圧倒的な移民の数、それに加えて、ユーロが他の27のEU加盟国にとって有用な通貨でないことがついに認識されたことだ」(同)

フォーサイスとフリーマントル、どちらもEU離脱に対して肯定的な発言であり、同時にブリュッセルのEU官僚に対する強い反発がにじみ出ていると言える。

こうした英国の知識人たちの思いを、かみ砕いて言うならば、次のようになるだろう。欧州経済共同体（EEC）が発足したときから約六〇年が経ち、加盟国は当初の六か国から現在では二八か国と大きな組織になって、それなりの歴史を積み上げてきた。EU本部も、当初は各国政府での経験を積んだ人材が集まった寄り合い所帯だったが、次第にプロパー（生え抜き）のEU高級官僚が育ってきて、彼らはEU高級官僚《テクノクラート》として独自の価値観を持つようになってきた。一言でいえば「EUのEUによるEUのための」とでもいうべき連邦主義に立つ「ユーロリベラリズム」である。

フォーサイスやフリーマントルの発言を読んで、改めてEUの官僚たちはそのように見られているのかと思ったものである。選挙で選ばれていない高級官僚たち、つまり民意を反映していない人たちが、「これはEUで決まったことだから加盟国は守るべきだ」とルールを押しつけてくる。これらの官僚たちを誰がチェックしているのか。議員であれば何年かに一度は選挙があり、落選したくなければ、民意に向き合わなければならない。しかし、EUの高級官僚たちは、自分たちの理念と思想を掲げ、英国民を見下したかのように次々と欧州共通ルールを押しつけてくる。そのことに対する疑念が、英国人に火をつけたと言える。

このように、EU官僚が掲げる価値観こそ「ユーロリベラリズム」と言えるであろう。人間社会のあるべき基本的価値を「自由・平等・博愛」に置き、国家権力を相対化させる視座を重視する。国境を越えた「ヒト・モノ・カネ」の自由な移動を重視する「グローバリズム」に立ち、それを制御するルールを「欧州共通エネルギー政策」「環境規制ルール」「財政健全化目標」などという形で設定する。ある意味では、私たち自身が戦後なる時代を通じて身につけてきた価値観とも重なるのだが、まさにこのユーロリベラリズムへの懐疑と反発が、英国のみならず、フランス、ドイツ、オランダなど欧州各国に広く深く浸透していると言える。グローバリズムからの恩恵を感じられない取り残された人々、「格差と貧困」に苛立つ人々の群れを創り出したのである。

二〇一七年五月のフランス大統領選挙では、かろうじてユーロリベラリズムを「進歩」と評価する三九歳の中道派マクロンが、「虚ろなグローバリズムに対する愛国の戦い」を掲げた右派ルペンに勝利した。しかし、これも既存の大政党が牽引力を失い、未知数のマクロンにフランス国民は「止り木をみつけた」とも言える構図になっており、決して欧州の未来図が見えたわけではない。ユーロリベラリズムは自国利害中心主義の挑戦を受け続けるであろう。その先行モデルが英国であり、その脈絡で英国から目が離せないのである。

これまでも言及してきたごとく、英国人は自らの歴史の蓄積に高いプライドを持っている。大英帝国の栄光を背負っているからだとも言える。有名なジョークであり、実話でもあるのだが、一九五七年一〇月二二日にドーバー海峡が濃霧で通行が途絶したとき、それを報じる「ロンドン・タイムス」の見出しが「海峡に濃霧、大陸孤立（Heavy Fog in the Channel. Continent cut off）」だったという。濃霧により島国の英国が大陸から孤立していると見るのが一般常識だろうが、大陸側が英国から孤立しているというのである。いかにも英国人らしいジョークであり、あきれるほど英国中心の考え方が根底にある。この発想から見ると、ＥＵのさまざまな決定は欧州から英国への介入であり、プライドをもって拒絶するべきだという思いがあったことは間違いない。

シティの本音——金融の総本山はＥＵの縛りを警戒した

ブレグジットをもたらした要因として、あまりメディアでは注目されていない論点だが、強く指摘しておきたいことは英国の唯一のバイタル産業とも言える金融を率いるロンドンの金融街シティの本音である。

前章でも述べたように、産業力において衰亡する英国にとって、金融業は今や国民経済を担う例外的に活力ある産業である。シティは「ユニオンジャックの矢」の経営企画本部ともいえ、ドバイを通じてアラブ諸国のオイルマネーを引き寄せ、ポートフォリオを組んで、世界の有望なプロジェクトに資金を振りあてている重要な存在である。そのシティが今回のブレグジットに対してどのように動いたのかという問題は、シティの本音の部分ともからんで、重要な要素である。

メディアがシティの金融機関や経済団体の有力者にインタビューをすると、EUに対して好意的な発言が建前論として返ってくる。例えば本拠地をシティに置く世界最大級の金融機関であるHSBC（香港上海銀行）やバークレイズのような企業のリーダーたちは、「グローバル経済が重要であり、EUという枠組みを大切にして生きていくべきだ」といった発言を繰り返すのである。確かに英国がEUとの連携の中で動いていることを十分に承知した上での発言なのだろう。

しかし、同じシティでもいわゆるシャドー系の金融機関といわれるヘッジファンドなどの関係者たちがどう思っているかは別の話である。第三章で述べた「ステルスサテライト」といった英国系のタックスヘイブンを使って資金を動かすことで税金を逃れ、有利に資金運用することに血道をあげている人たちにとっては、タックスヘイブンに対する透明性の確保を求めるEUの動きは警戒心を抱かせるに十分だろう。彼らはEUによって金融規制が強まることに対して、異常なほどの警戒心と嫌悪感を持っているのである。

現在、EU一〇か国では「金融取引税」の導入を目指して議論を深めつつある。国際連帯税といわれる政策論であり、グローバル化の影の問題ともいわれるマネーゲームの肥大化を制御しようという試みの一環である。例えば、国境を越えた為替の取引に広く薄く課税することで財源を確保し、アフリカ熱帯感染症対策や地球環境対策などのグローバルな課題に立ち向かおうというものである。

実は、こうした動きに対して英国政府は一貫して反対の立場を取ってきた。なぜならば英国のバイタル産業は金融業であり、金融規制には原則反対なのである。金融取引に対して透明性を求められたり、規制が強化されたりすることは不利益だと考えて反対する。それがシティの本音でもあり、表面に見えている以上に、多くのシティの関係者がEU離脱に賛成票を投じた理由にもなっているのである。スコットランド、北アイルランド、ウェールズ、イングランドという英国の四つの地方の中で、前二者が圧倒的にEU残留を支持したのと対照的に、首都ロンドンを抱えるイングランドが最も強く離脱を望んだ結果に、このことが色濃く反映されている。

シルバー・デモクラシーのパラドックス――若者はEU残留を望んだ

国民投票の分析や世論調査の結果を見て、つくづく考えさせられたのは、EU離脱に対する賛否には「世代」という要素が大きく意味を持ったことである。分岐点は四三歳であった。四三歳以上の人はEU離脱への賛成派が優勢で、四三歳未満の若い世代では反対派が優勢だった。つまり、英国の未来を背負うはずの若い世代の人たちはEUに留まるべきだと言っているのに、中年層から高齢者の多くが英国はEUを離脱するべきだと考え、結果として、高齢者の意見が反映される形で、英国の運命が決まってしまったのである。

なぜこういうことが起こったのか、深く考えてみるべきだろう。私は「教育」の持つ意味は大きいと考える。若い世代がEU離脱に反対、つまりEUに留まることを選んだのには「エラスムス計画」が大きく影響しているものと思われる。エラスムス計画とは、EUの教育プログラムで、名称は一六世紀の「国境を越えて動いた知の巨人」と言われ、ルターの宗教改革にも影響を与えたエラスムスの名前に由来する。これはEUが進める人材養成計画および科学・技

［表6］英国国民投票の結果

	18〜24歳	25〜34歳	35〜44歳	45〜54歳	55〜64歳	65歳以上	全体
離脱	27%	38%	48%	56%	57%	60%	51.9%
残留	73%	62%	52%	44%	43%	40%	48.1%

出典:BBC

術分野におけるＥＵ加盟国間の人材交流協力計画の一つで、大学間単位互換協定などによる共同教育プログラムを積み重ね、「ヨーロッパ大学間ネットワーク」を構築して、ＥＵ加盟国間の学生の流動性を高めようとする計画である。

わかりやすく言うと、ＥＵ加盟国の大学生であれば、大学在学期間に、ＥＵのどの大学でも講座を受けることができ、しかもそこで取得した単位は自分の所属する大学の卒業単位として認定されるプログラムである。大学生活をずっと英国に留まって卒業するのではなく、英国の多くの学生は講義を受けたいと思った教員のいる欧州の大学へ行く。前後期のセメスター制なので半年なり一年なりの間、ドイツやフランス、イタリアなどの大学で学生生活を送ることが可能なのである。そうした体験により、視野を広げ、英国と言えども欧州との協力関係を踏み固めて生きていかねばという認識を抱くようになるのである。

もともとエラスムス計画では、一九八七年のスタート当初から、欧州の経済力の強化と加盟国間の結合の促進が目標とされ、「ＥＵ市民」という意識の形成も同時に期待されていた。実際、エラスムス計画が定着するにつれて、若い世代の意識に変化が見られるようになった。一〇代後半から二〇代前半の多感な時期によその国に行き、学生として教育を受けることで、自国を相対的に見る機会を得ることになる。物事を客観視できるようになる。英国の栄光もさることながら、欧州のそれぞれの国の特質や長所も理解し、本質が見えてくる。その中で英国の未来を拓いていかなければいけないという思いになっていく。エラスムス計画の影響は、三〇年間の実績を積み重ね、大きなものになっていたのである。

実は、日本でもエラスムス計画のアジア版を作ろうという気運が高まり、二〇一〇年から「キャンパス・アジア」構想という名前のもとに取り組みが始まっている。これは日本、中国、韓国の三か国政府が大学間の質保証を伴う交流を拡大し、学生や教員の留学・移動を促進するとともに、将来の東アジア地域の発展を担う人材を育成する取り組みで、私も当初から日本側の委員の一人を務めてきた。まだ実験の段階で、日本からは一〇校が実証実験の対象校に選ばれ、パイロットプログラムが実施されているところである。

率直な感想を言えば、東アジアでこのプログラムを行う意義を十分に認めた上で、現実の運用となると、理科系分野では共通の言語が成立しやすく、単位互換協定の枠組みをつくりやすいものの、社会科学系ではプログラムの設定が難しいように感じている。例えば、岡山大学や立命館大学で行われているプログラムに向き合ってきて感じることは、関係者は懸命に努力をして成果も上がっているが、やはり近代史に関する歴史認識の壁があって、共通の認識を組み立てにくいということである。日本人の学生は高校までの歴史の授業で、縄文・弥生時代から明治維新ぐらいまではしっかりと学ぶが、近現代史は駆け足でしか学んでいないため、すっぽりと抜け落ちているのである。

中国や韓国の学生は、それを私たちが「反日教育」と呼ぶものであっても、近代史についてはたっぷりと時間を費やして、学んできている。こうした学生が同じ土俵で議論しようにも、議論にならないという悩みが現実にある。それでも、キャンパス・アジア的体験は、東アジアの未来にとって大切である。こうした努力から、相互理解は深まるのである。

もう一つ、キャンパス・アジア構想の壁として、日本の学生たちの間には目先の得にならないことには参加しないという空気があふれていることがある。国が支援してくれるプログラムに積極的に手を挙げて、北京なりソウルなりへ行って勉強しようという希望者が殺到するかというと、そうではない。希望者の多くは女子学生で、男子学生は半年間でも中国や韓国へ行くのは就職に不利だと考える傾向が強い。これは日本からの海外留学件数が減っていることとも関係している。こうした事情もあって、日本における東アジア版のエラスムス計画は必ずしもポジティブに展開しているとは言い切れないが、粘り強く根付かせるべきプログラムであろう。

ＥＵのエラスムス計画が実際に始まったのは一九八七年。第一期は年間約三〇〇〇人の学生交流と一〇〇〇人の教官交流が行われる形で、一九九五年まで続けられた。一九九六年からは、より広範な教育交流プログラムのソクラテス計画の一部となり、第二期が二〇〇〇年まで、第三期が二〇〇六年まで続けられた。その後も「エラスムス・ムンドゥス」（二〇〇七～一三年）、「エラスムス・プラス」（二〇一四～二〇年）と名称を変えながら、今日に至っている。振り返るとスタートからすでに三〇年近くの歴史を経ていることになり、国民投票でＥＵ離脱に対する賛否の分水嶺が四三歳だったこととつき合わせて考えると、このエラスムス計画の重要性をひしひしと感じるのである。

ここでは、世代間ギャップに関して、教育という視点から述べてきたが、根底には世代間の分配の歪《ゆが》みという問題が存在し、欧州において「シルバー・デモクラシーのパラドックス」というべき事態を招いていることにも言及しておきたい。相対的に社会保障制度の定着した欧州では、高齢者が制度の恩恵を受けており、それを支える若者が高い失業率と雇用条件の劣化に苦しむ状況にある。

欧州においては、一時期のギリシャのように、定年後の年金生活者の平均所得が現役世代の平均所得を上回るという「シルバー・デモクラシーのパラドックス」が生じている国もある。「年金所得代替率」（二〇一四年）の対比分析がOECDから発表されているが、日本の三五・一％に比べ、オランダ九〇・五％、スペイン八二・一％、オーストリア七八・一％、ポルトガル七三・八％、イタリア六九・二％と驚くほど欧州の国々は高い。つまり、現役世代の所得に近い年金を得ているということである。さらに、高齢者に金融資産が集中する傾向を考えると、資産運用のマネーゲーム収入が高齢者に偏り、世代間の分配が歪む。このことは欧州だけでなく、金融資本主義の肥大化という二一世紀の世界状況を考えると、日本を含む世界的傾向と言える。

人口の高齢化が進み、分配の高齢者への比重が高まるということは、「老人の老人による老人のための政治」に傾斜するリスクを高め、若い世代への皺寄せがジワリと進行することを意味する。私が岩波新書から『シルバー・デモクラシー　戦後世代の覚悟と責任』（二〇一七年）を出した問題意識も、こうした世界的状況を踏まえ、日本の抱える課題を整理し、人口構造の急速な成熟化を衰亡にしない知恵を模索したものである。

第五章　英国史の深層

――立憲君主制と植民地を巡る苦闘

英国の歴史を見つめることは、我々に多くの示唆を与える。とりわけ、民主主義とは何か、政治的意思決定のあるべき姿を考えるとき、英国が積み上げてきた歴史の記憶は人類が共有すべき体験でもある。

トインビーの『歴史の教訓』という視点

時間軸の射程を長くとり、英国史を基軸に近世以降の歴史を振り返りながら、英国に対する理解を深めていきたい。ここを深めることが世界を見抜く知恵に繋がるのである。

歴史学者のアーノルド・J・トインビーは『歴史の教訓』（岩波書店、一九五七年）において、英国人にとっての歴史の教訓を二つ挙げている。一つは君主制と共和制の闘いを通じて「なにごとにつけ節度を重んじるという穏健な態度」を学んだことであり、もう一つはアメリカとの独立戦争を通じて「植民地主義の限界」を学んだことだと言うのである。トインビーはさらに興味深いことを語っている。人類にとっての歴史の教訓とは、「人間が他人を支配する奴隷制はよくない」と悟ったことだと言うのである。

さて、このトインビーの言う歴史の教訓にしたがって、英国の歴史を見つめ直してみたい。

君主制と共和制の闘いが最も熾烈《しれつ》な形で現れたのは、トインビーが挙げているように、一七世紀である。一七世紀の英国は「革命の時代」と言われ、ピューリタン革命（清教徒革命）による共和制の時代を経て、王政復古、そして名誉革命の時代へと繋がっていく。ヨーロッパのはずれの島国が紆余曲折を経て、立憲君主制による連合王国となる礎《いしずえ》を築いた時期であり、オランダやフランスなどヨーロッパ諸国との重商主義の争いの中で次第に力を蓄え、やがて一八世紀後半の産業革命により、世界史の中心に立っていくのである。

ヘンリー八世の狂気からエリザベス女王の時代へ

君主制と共和制の血で血を洗う壮絶な闘いの歴史を語るには、少し遡ってまずヘンリー八世（在位一五〇九～四七年）の時代からスタートするのがよいだろう。ヘンリー八世は異常なまでの女性好きで、生涯を通して六人の王妃を持った。

最初の王妃はアラゴン王の娘キャサリンで、女児メアリーをもうけたが、男の跡継ぎが生まれなかったこともあり、ヘンリー八世はフランス育ちの若いアン・ブーリンに恋心を抱くようになる。アンとの間に正嫡《せいちゃく》としての王子が生まれることを期待して、キャサリンとの離婚を画策し、そこでキャサリンと結婚に至った経緯を持ち出すのである。

キャサリンはヘンリー七世（ヘンリー八世の父）が、勢力を拡大していたアラゴン王のフェルナンド二世との間で政略結婚政策として縁組みを行い、長男のアーサーの妻となるために英国へやってきた。結婚はしたものの、わずか数か月後にアーサーが死去したため、次男のヘンリー、すなわちのちのヘンリー八世と結婚したといういきさつがあった。

そこでヘンリー八世は、聖書では兄弟の妻と結婚することは禁じられているとして、そもそもキャサリンとの結婚は無効であるとローマ教皇庁に対して主張し始めたのである。ところが、ローマ教皇クレメンス七世はこの離婚を認めなかった。キャサリンの甥である神聖ローマ皇帝カール五世がローマに強い影響力を持っていたため、クレメンス七世はこの離婚の要請を拒絶したと言える。

ヘンリー八世はローマ教皇に反発し、一五三三年に英国は独立した主権を持つ国家であり、聖俗の係争問題についてはローマ教皇庁に訴えることなく、国内で解決するとした「上訴禁止法」を成立させた。これを受けて、カンタベリー大司教はヘンリー八世とキャサリンの結婚を無効とした。翌一五三四年には「国王至上法」によって、正式にローマ教皇の権威を否定し、国王を英国教会の長と定めたのである。

［図9］ 英国王室系図（チューダー朝からスチュアート朝まで）

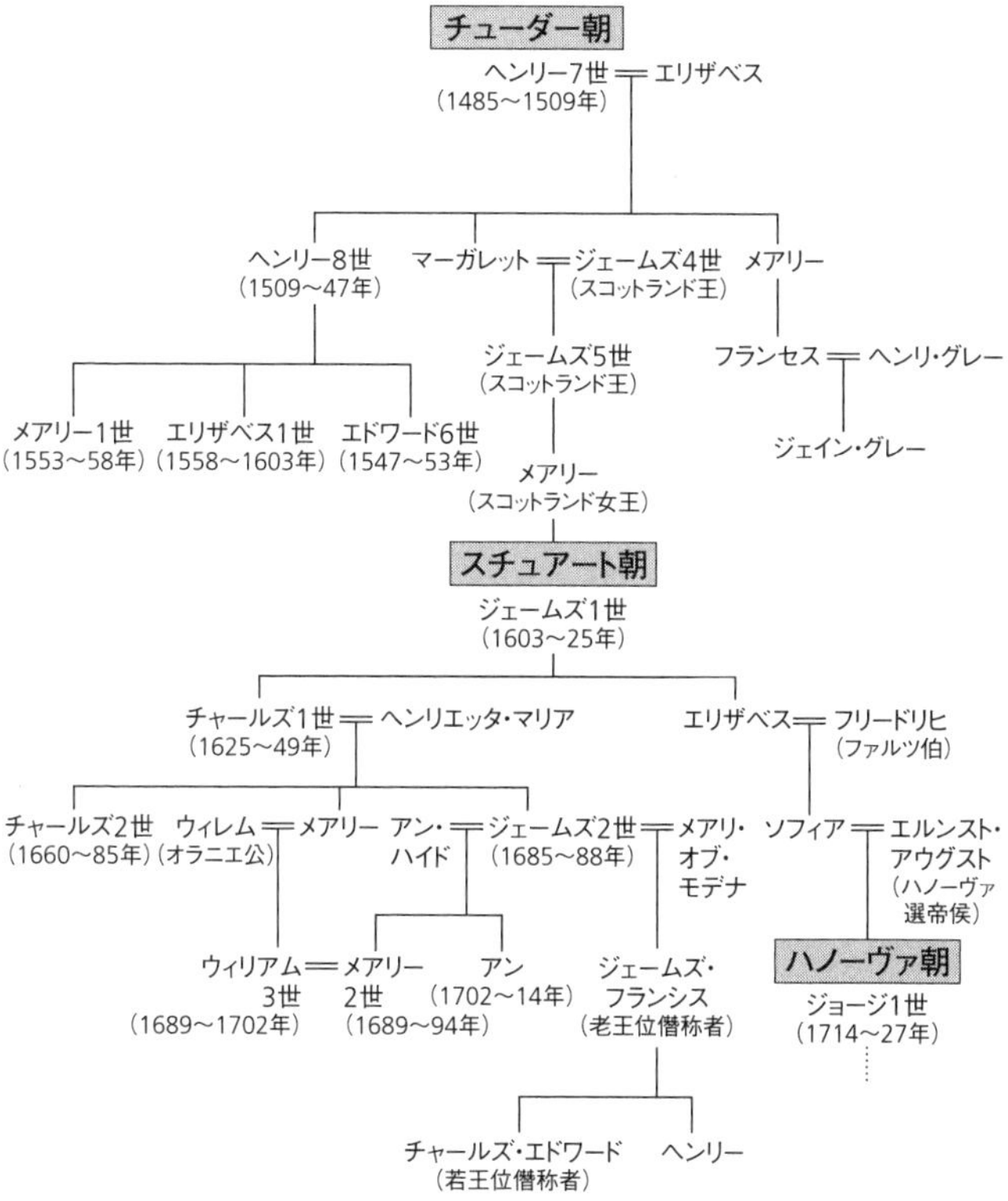

※カッコ内の年は在位期間

こうして英国教会が成立したが、教義上の解釈の違いから生まれたものではなく、一義的にはヘンリー八世の女性問題、つまりキャサリンとの離婚、そしてアン・ブーリンとの結婚を巡るというなんとも悲しい事情から生まれたのである。それゆえ、この後も王が変わるたびに英国教会はカトリックと新教との間で揺れ動くことになり、清教徒（ピューリタン）たちによって徹底した宗教改革の要求が何度も突きつけられることになっていく。それが英国教会の弾圧に不満をいだいた人たちが新大陸へ渡り、英国人によるアメリカの開拓へとつながっていくことになる。

さて、ヘンリー八世と結婚したアンは、やがて女王となるエリザベスを産んだが、ヘンリー八世と気位の高いアンとの関係はほどなく冷却した。ヘンリー八世は次にアンの侍女であるジェーン・シーモアに魅かれていく。そして一五三六年には、言いがかりにも近い不貞を理由にアンをロンドン塔の断頭台に送ったのである。

その一〇日後に三番目の王妃となったジェーンはのちのエドワード六世を産んだが、産褥《さんじょく》で早世した。次いで、ドイツの公爵令嬢アン・クレーヴが四番目の王妃となったが、あまりの体臭と体形の醜悪さに幻滅したヘンリー八世によって離婚される。五番目の王妃となった侍女キャサリン・ハワードはヘンリー八世好みの美女であったが、若い男と戯《たわむ》れたという噂にへンリー八世は逆上し、処刑してしまう。

最後の六番目の王妃はキャサリン・パーである。慈愛に満ちた女性で、王家の子供たちの教育に心を配っただけでなく、エリザベスの聡明さに気づいてヘンリー八世に働きかけ、彼女の王位継承権を復活させた。エリザベスは当初、王位継承権を持っていたが、母のアン・ブーリンが処刑され、三番目の王妃ジェーンにエドワード王子が生まれると王位継承権を剥奪《はくだつ》され、庶子《しょし》として冷遇されていたのである。

ヘンリー八世が一五四七年に死去すると、九歳の息子エドワードが王位に就いた。そのエドワード六世は一五五三年に病死し、ヘンリー八世の最初の王妃だったキャサリンとの娘メアリーが女王となる。そのメアリー一世から見ると、エリザベスは母キャサリンを王妃の座から転落させたアン・ブーリンの娘である。しかも、アンはメアリーをエリザベスの侍女にさせようとしたこともあった。エリザベスはメアリー一世によって不当な反逆罪に連座させられ、ロンドン塔に幽閉されてしまう。メアリー一世は母キャサリンによって敬虔《けいけん》なカトリックとして育てられ、女王になると英国教会をカトリックへ戻し、プロテスタントを迫害し、三〇〇人近くを火刑にして、「血まみれのメアリー（ブラディー・メアリー）」とも呼ばれた。これがあのカクテルの「ブラディー・メアリー」の語源である。

一五五八年にメアリー一世が四二歳で病死すると、忍耐を重ねていたエリザベスが王冠を継ぐ（在位一六〇三年まで）。エリザベスはフランス語、イタリア語に加えてラテン語、ギリシャ語に習熟するなど、継母キャサリン・パー（ヘンリー八世の六番目の王妃）の配慮で、当時の英国が与えうる最高の教師の指導を受けた教養人だった。

エリザベス一世は当初、フランスやスペインとの緊張を極力避けようとしたが、一五六八年以降はスペインとの独立戦争を戦っていたプロテスタントの国オランダを支援した。一五八八年には一三〇隻のスペイン「無敵艦隊」と英仏海峡で激突。この「アルマダの海戦」で勝利し、エリザベス一世の名声を高めることになる。英国の栄光の時代が動き始めるのである。

父によって母を殺され、異母姉の虐待に耐え、女王となったエリザベス一世は生涯結婚することはなく、「英国と結婚した女」とまで言われた。その強い意思と思慮深さで大陸から隔絶した小さな島国を神聖ローマ皇帝やスペイン、フランスをも恐れさせる存在に持ち上げたのである。

また、エリザベス一世の時代にはウィリアム・シェイクスピア（一五六四〜一六一六年）に象徴される英国ルネサンスが大きく花開き、英国らしさが輪郭を見せ始めた時期である。シェイクスピア劇に素材を提供する上ではウィリアム・キャムデン（一五五一〜一六二三年）の地

［図10］英国で発行されたヘンリー８世の記念切手

小さい切手は左上から、ヘンリー８世、キャサリン、アン・ブーリン、ジェーン・シーモア。左下から、アン・クレーヴ、キャサリン・ハワード、キャサリン・パー。

誌書『ブリタニア』などの英国史研究が大きな意味を持った。エドマンド・スペンサー（一五五二年ごろ〜一五九九年）の叙事詩『神仙女王』のごとく、詩人たちはエリザベス一世を栄光の女王と讃えた。

ところで、ここが英国史の面白いところで、異常なまでの女好きの狂気の男ヘンリー八世は、今日でも英国では意外にも「人気者」である。英国が発行している記念切手の中には、ヘンリー八世が弄《もてあそ》んだ六人の王妃の肖像画を並べたものもある（図10参照）。また、アン・ブーリンが処刑されたロンドン塔の土産物店では、ヘンリー八世が王冠とガウンをまとった熊のぬいぐるみが人気商品として置かれている。「とんでもない人だが、人間的でいいじゃないか」というう見方をする英国人が多いということで、このあたりの価値観が英国的だとも言える。かのダイアナ妃も、その奔放《ほんぽう》な行動に首を傾げる部分もあったが、国民的人気を得るのが英国なのである。

清教徒革命と共和制——「王殺し」にまで踏み込んだクロムウェル

一六〇三年、エリザベス一世は死去するが、ヘンリー八世の残した後継者はここに絶えることなった。ヘンリー八世の姉マーガレット・チューダーの息子はスコットランド王ジェームズ五世となっていたが、子供のいないエリザベスの意思によって、ジェームズ五世の娘であるスコットランド女王メアリーの息子であるスコットランド王ジェームズ六世が英国王の座に就くことになった、イングランド王・アイルランド王ジェームズ一世（在位一六〇三〜二五年）となり、スチュアート朝がスタートすることになった。ここにおいて、敵対し続けてきたイングランドとスコットランドが同君連合となったのである。

ジェームズ一世は哲人王とも言われ、知性は高かったと思われる。しかし、王権は神の権威に由来し神にのみ責任を持つという「王権神授説」を固く信じ、次第に議会との対立を深めていく。その治世下の一六二〇年、メイフラワー号が新大陸を目指し大西洋を渡るが、その背景には宗教改革を渋るジェームズ一世に対する清教徒たちの失望があった。

ジェームズ一世の子、チャールズ一世（在位一六二五〜四九年）は、カトリック国フランスの王女ヘンリエッタ・マリアを妻に迎え、宮殿にカトリックの礼拝堂を建設し、議会との対立を深めていった。議会は一六二八年に王室の御用金を認める代わりに王権を制限する「権利の請願」を提出し、チャールズ一世はこれに渋々署名したものの、一一年間にもわたって議会の開催を拒み続けた。

一六四二年には絶対王政を信じて王軍を組織し、議会派と戦うことになる。庶民院議員だったオリバー・クロムウェル（一五九九～一六五八年）は私費を投じて「鉄騎兵」をつくり、自ら率いて王軍と交戦した。一六四五年にクロムウェルは議会軍を「ニューモデルアーミー」として再編成し、副司令官となった。王軍は執拗《しつよう》に反撃を試みたが、一六四八年にチャールズ一世は議会軍に投降した。チャールズ一世は議会と軍による特別法廷で「専制君主、反逆者、殺人者」として有罪とされ、一六四九年、ホワイトホール宮殿の断頭台で処刑された。英国史上初の公衆の面前での王の処刑であった。

クロムウェルは一五九九年にジェントリ（貴族よりは下位だが自営農民より上の階層）の家に生まれた。一六二八年に改革派プロテスタント（ピューリタン）として、英国東部のハンティンドン選出の庶民院議員になったが、チャールズ一世の議会軽視と対立、次第に急進的な指導者としての存在感を高めた。

クロムウェルにとっての転機は一六四一年のアイルランド反乱である。アイルランドはイングランドのプロテスタント改革派の台頭とカトリック抑圧に対して反乱を起こし、一万人近くのプロテスタントが虐殺されたと言われる。このことへのクロムウェルの怒りがアイルランドへの激しい憎悪となり、一六四九年のアイルランド制圧にまで尾を引くのである。

一六四九年にはイングランド共和国（コモンウェルス）が成立し、クロムウェルはその指導者となった。このイングランド、スコットランド、アイルランドを巻き込んだ内戦からチャールズ一世の処刑とイングランド共和国の成立までを「清教徒革命（ピューリタン革命）」と呼ぶ。クロムウェルによって、アイルランド、スコットランドは英国に統合されたと言える。

父のチャールズ一世を処刑された子のチャールズ（のちのチャールズ二世）は亡命先のオランダ、フランスで生き延び、カトリックに改宗した。スコットランドやアイルランドの反クロムウェル勢力と結託し、イングランド共和国に揺さぶりをかけたが、クロムウェルは兵を率いてこれをことごとく撃破した。

一六五八年、クロムウェルは五九歳で突然病死してしまう。遺体はウェストミンスター寺院に埋葬され、三男が後継に就任したが、議会と軍を統御できる統括力はなく、翌年辞任した。一六六〇年四月にフランス亡命中のチャールズは「ブレダ宣言」を出し、革命参加者への大赦《たいしゃ》、信仰の自由、軍隊への給与保障、革命期に移動した資産の所有権の承認などで国民を引きつけた。翌五月にはイングランド「仮議会（コンベンション）」が「英国の政体を国王・貴族院・庶民院の三位一体に戻すこと」を決議し、スコットランド、アイルランドの議会も呼応する形でチャールズ二世（在位一六六〇～八五年）による王政復古となったのである。

王政復古後、チャールズ一世を処刑した裁判で判決に署名をした裁判官たちは「国王殺し」と呼ばれ、五九名のうち一四名が処刑された。埋葬から二年しか経っていないクロムウェルの遺体は掘り返され、チャールズ一世処刑の一二年目の記念日に首をはねられて、その後二〇年もの間、晒《さら》しものとなった。

君主制と共和制はこのように凄惨《せいさん》な血で血を争う闘いを演じたのである。不思議なのは、現在でもロンドンに行くとクロムウェル・ロードという地名が残っていることである。王政にとっては憎むべき反逆者なのに、市民の間ではクロムウェルに対する人気が根強く残っていることを実感させられる。「ヘンリー八世もクロムウェルも好き」というあたりが英国の面白さである。

また観光名所として名高いロンドン塔はエリザベス一世の母アン・ブーリンが処刑された場でもあり、今でも亡霊が出ると噂される。ヘンリー八世が彼女と再婚したい一心でカトリックを捨て英国教会を設立したことから、英国史は血塗られた展開を見せた。ところが、それほど熱愛したアンを嫉妬に駆られて残酷な形で斬首したのである。のちのヴィクトリア女王が心を動かされ、ロンドン塔の処刑された場所に慰霊碑を建てた。その場に立つと、実に複雑な思いが込み上げてくる。

名誉革命と立憲君主制の確立

　さて、チャールズ二世が王となり、王政復古したとはいえ、すべてが以前の体制に戻ったわけではなかった。王室の歳出は年一二〇万ポンドに制約され、議会の同意がない課税は認められなかった。清教徒革命による共和制は「民衆の政治参加」という近代民主主義の萌芽というよりも、あくまで反カトリック意識に立ち、神の摂理を信じる清教徒による王政打倒にとどまるという限界を見せた。その一方で英国を成熟した立憲君主制に向かわせる転機となったことも否定できない。

　チャールズ二世は従弟でもあるフランスのルイ一四世との秘密会談で「ドーバーの密約」を結んだことが明らかになった。英国をカトリックに戻す見返りに多額の裏金を提供させ、新教国オランダに対してフランスとともに戦うことを約束したのである。チャールズ二世はカトリックの信仰を認める信仰自由宣言を出すが、議会側は強く反発しこれを撤回させた。議会では公職に就く者を国教徒に限定する「審査法」が成立し、これによって王の弟であるヨーク公ジェームズもカトリックであることが発覚し、糾弾《きゅうだん》された。

こうした時代を背景に、王権を制限し議会の役割を重視する英国最初の政党である「ホイッグ」と、統治の上で国王と英国教会を重視する「トーリー」とが生まれ、のちに二大政党制の萌芽となるのである。

一六八五年にチャールズ二世が死去すると弟のヨーク公が即位し、カトリックのジェームズ二世（在位一六八五～八八年）となった。国教徒たちが心配していたことが現実となったのである。反乱が起きたものの王軍によってすぐに鎮圧され、一六八七年には信仰自由宣言が出され、官職にカトリックの登用が行われるようになった。しかも、ジェームズ二世の背後には「ナントの勅令」を廃止して、プロテスタントのユグノーを追放したフランスのルイ一四世がいた。

一六八八年、ジェームズ二世に跡継ぎが生まれると、カトリックの王が固定化してしまう不安が英国内で高まった。議会が白羽の矢を立てたのがジェームズ二世の娘婿であるオランダ総督ウィレム（オレンジ公ウィリアム）だった。英国議会が要請する形でウィレムは行動を起こし、一六八八年、「プロテスタントの擁護者」として、オランダ軍一万四〇〇〇人を率いて、英国南西部に上陸した。英国民の圧倒的支持を受けて、ジェームズ二世をフランスへ追放し、英国はウィリアム三世（在位一六八九～一七〇二年）となったウィレムと妻メアリ二世との共同統治体制となった。ほとんど流血がなく政変が行われたので、これを「名誉革命」と呼ぶのである。

一六八九年、議会は「権利章典」を成立させる。これは名誉革命体制を規定するもので、議会と王政の闘いに決着をつけ、国王の地位は「議会に基づく国王」となった。立憲君主制の確立である。このようにオランダの王が英国の王を兼ねた時代があったのである。

その後、ウィリアム三世の英国は、ジェームズ二世と結託したアイルランドに侵攻し、再び征服する。一方で、カトリック国であるフランスとの間での戦争も続けた。しかし、一七〇二年、ウィリアム三世は落馬事故であえなく死去。メアリー二世の妹アンが女王に就く。その治世下の一七〇七年にはスコットランドを統合して「連合王国」体制を固め、一七一三年にフランスの強大化を抑え込むことを狙ったスペイン継承戦争に勝利し、「ユトレヒト講和条約」で海外領土を拡大して英国植民地支配の基礎を確立した。こうして英国は産業革命に向け、栄光の一八世紀、一九世紀へと向かうのである。

このユトレヒト条約を機に英国が手に入れたのが、イベリア半島南端のジブラルタルである。三〇〇年以上も経過した今日でも英国軍の地中海への要衝であり、スペインの返還要求もあり、係争中である。英国のＥＵ離脱を受け、ＥＵはスペインの主張を支持する動きを見せ始め、英国内には「第二のフォークランド戦争も辞さず」という強硬論さえ出始めている。ジブラルタル問題が、三〇〇年という時を超えて今だに埋め込まれているのである。

今日、英国は立憲君主制のモデル国家として、国王の権威と民主的意思決定を調和させた安定した政治運営を見せているが、このような一七世紀における王政と共和制の葛藤の中から成熟した立憲君主制に辿り着いたことは間違いない。また、英国教会がカトリックの圧力と清教徒の突き上げに挟撃《きょうげき》されながら、次第に宗教的寛容に落ち着いていった過程も見えてくる。これも英国の辿り着いた歴史の知恵なのかもしれない。

一七世紀英国の二つの革命体験を集約し、英国の市民社会の原理にまで高めた思想家がジョン・ロック（一六三二～一七〇四年）である。王政復古期にオランダに亡命し、名誉革命時に帰国した。ロックは『統治二論』（一六九〇年、邦訳岩波文庫）で、諸個人が自然権として「生命・自由・財産」を保有し、相互に社会的契約を結び国家を形成しているという考えに立ち、「統治の源泉は人民の同意」であり、「国家によって臣民の信託が裏切られるならば、国民は国家に抵抗し、統治者を交替させる権利を有する」ことを主張した。この人民の自己決定権を正当化する議論はのちのアメリカの独立戦争やフランス革命にも大きな影響を与えた。また、宗教的厳格さが妥協なき殺戮《さつりく》を繰り返す虚《むな》しさを指摘し、宗教的寛容に至る経験知を説き、英国的経験論の地平を拓いたのである。

今日の英国でも立憲君主制は安定的に維持され、エリザベス女王の存在が象徴しているように「君臨すれども統治せず」の立場で安定的に王室が存続している。英国民の多くはエリザベス女王に対して深い敬愛の念を抱いているものの、王室が政治に対して実権をふるうことに対しては拒否感を持っている。微妙なバランスの中で民主主義が根づいているのである。

世界にはさまざまな政治の統治形態があり、その国の歴史を背景にして考えることでしか理解できない側面がある。戦後日本の「象徴天皇制」も、実は英国の立憲君主制を参考モデルとし、民主主義に立脚する天皇制を残すことを考えた結果、生まれたものだと言えよう。敗戦とともに、「戦争責任」を問われることにより天皇制は終わる可能性もあった。一九四六年初頭に昭和天皇はいわゆる「人間宣言」を行い、全国巡幸を始め、国民を励まし続けた。政治権力とは別に、日本という国の文化や伝統の権威を象徴する存在として、国民を基盤に「統合の象徴」として天皇制があるということを、天皇自らが行動を通して定着させたとも言える。

今上天皇も象徴天皇制の深い理解者であり、これほど民主天皇制に対する熱い思い入れを抱いている存在はいないのではないかとさえ思わせられる。地震や津波、豪雨など大きな自然災害が起きると、天皇自らが被災地に入り、被災者に慰めの言葉を掛けて回る。国民の心の中に天皇が「日本人を束ねる支柱」として存在しており、政治権力の中心にいた明治天皇制とは異なるが、本来の天皇制はこうした日本の文化的価値の中核として存在していたことを思い起こさせるのである。

今上天皇は皇太子時代に英国に留学して英国王室のあり方を目撃した。アメリカ人の家庭教師のヴァイニング夫人の教育も受け、民主主義に対する理解も深く、象徴天皇制に対しても御自身の考え方を持っておられるようである。立憲君主制とは民主主義に基盤を置く君主制であり、国家元首は国王という体制である。その意味で、日本の象徴天皇制のモデルが英国の立憲君主制にあるのは間違いないが、より一層、民主的預託の中に天皇がいる体制といえよう。

一九九〇年代、私はアメリカで一〇年間働いていたが、そのころアメリカの田舎町に行くと、しばしば日本に関して誤解に満ちた奇妙な質問を受けたものである。「日本はいつまで天皇制などという前近代的、かつ非民主的な政治システムにとらわれているのか。いつになったら民主主義は根づくのか」という類《たぐい》の質問である。現在の象徴天皇制は民主主義と対峙するものではないということを説明するのは簡単ではない。そのとき英国王室の例を挙げながら、日本の象徴天皇制は歴史的経緯を踏まえた立憲君主制の一つの到達点であると説明すると、意思が伝わりやすかったのである。

とはいえ、英国王室と日本の皇室では違いも多い。英国王室は権力を持っているわけではないものの、過去の歴史を反映して特異な存在である。国費として王室費が支払われないため、蓄積した資産に加え、宮殿や城などの見学料からの収入のほか、いわゆる投資による運用利益も大きいと言われる。先にも触れたようにジャージー島などの王室属領を持ち、それがタックスヘイブンになっているところなどは日本の皇室とはまったく異なる点である。

王（キング）と天皇（エンペラー）の違いもある。王は権力によって政権を奪取した存在であり、前の統治者と必ずしも血縁関係があるわけではない。それに対して、日本の皇室はさまざまな議論はあるとしても、基本的に万世一系という形で血脈でつながっていることに正統性の根拠がある。世界でも例を見ない存在と言えるだろう。

天皇制の長い歴史を見ると、明治時代から昭和時代初期までの絶対権力としての天皇制はむしろ特殊だったと言える。鎌倉時代から江戸時代まで、ほとんどの時期において、実際の権力は征夷大将軍が持ち、朝廷は京都で伝統的な権威として存在していた。それが江戸時代末期に政治が行き詰まってくると、その権威を利用することが幕府を倒すエネルギーになったのである。天皇は日本の文化や伝統の権威であり、現在の象徴天皇制のように政治から距離を置いた存在であるほうが本来の天皇制に近いと言えるのである。

アメリカ独立戦争と植民地主義の限界への目覚め

A・トインビーが言う英国人が学んだ歴史の教訓のもう一つ、アメリカ独立戦争を通じて知った植民地主義の限界という点についても考えてみたい。

英国からアメリカへの入植は一六世紀後半のエリザベス一世の時代からすでに始まっていた。一七世紀になると、一六二〇年にはメイフラワー号に乗った「ピルグリム・ファーザーズ」がボストン近くのケープコッドに辿り着く。実は彼らは英国から新大陸へ直接大西洋を渡ったわけではない。英国教会から離脱し、弾圧を受けた分離派の人たちが一度オランダに亡命し、一二年間もオランダで生活したのち、オランダのデルフトの外港デルフスハフェンからアメリカを目指して出発した。途中、英国のサザンプトンに立ち寄り、英国に残っていたピューリタンと合流し、メイフラワー号に乗り換えてアメリカへ向かったのである。ボストンを含むニューイングランド地方は主にピューリタンの入植者が多かったが、一方で国教会の聖公会派の人たちは現在のバージニア州ジェームズタウン付近に入植地を設けていた。

現在のニューヨークには、当時すでにオランダ人が入植していて、ニューネーデルランドと呼ばれていた。一六二一年にオランダ西インド会社が設立され、一六二四年にはその管理下に置かれ、のちにニューアムステルダムと呼ばれる由来となった。

王政復古後のチャールズ二世はこの地の発展に目をつけ、弟のヨーク公（のちのジェームズ二世）に「領地下付《かふ》」を行った。チャールズ二世は清教徒革命時オランダに亡命していたが、そのときに冷遇された体験からオランダを嫌悪しており、北米におけるオランダ勢力を打倒しようとしたと言われる。ヨーク公はこれを受けて、四隻の戦艦と二〇〇〇人の正規軍、さらにニューイングランドからの二〇〇〇人の義勇軍からなる遠征軍を派遣し、ニューネーデルランドを制圧。このとき、ニューアムステルダムはニューヨークに変わった。

アメリカという国を理解するときに、英国から独立したという認識から、英国との関係のみが考えられがちだが、このようにオランダのＤＮＡも投影されているという視界も重要である。自治権を有する都市連合体制にあった当時の連邦共和国オランダでは、合意形成や意思決定には多様な市民の間での粘り強い討論、討議を経るプロセスが大切であった。それが「共和主義」の土壌であり、法の下での平等、民主的な意思決定、多様な価値の尊重、宗教の自由という空気を醸成する基盤となり、アメリカ独立宣言（一七七六年）やフランス革命（一七八九年）に影響を与えていった。

アメリカ独立時の憲法第一条に「宗教の自由」が掲げられるのも、こうした歴史を投影するものであり、ここがアメリカたる所以でもある。ちなみに二一世紀になって、アメリカの根本と言える宗教の自由や移民の歴史を真っ向から否定するような発言を繰り返すトランプ大統領が登場してきたことの衝撃の大きさは、まさにそこにあると言えるだろう。

アメリカ独立に至るプロセスには、フランスとの長年にわたる戦争で戦費が増大し、英国の財政が悪化したことが大きく影響している。すでに触れたように、一七〇二年にウィリアム三世が死去したあと、アン女王が即位した。これに対して、ルイ一四世はフランスに亡命後死去したジェームズ二世の息子を王にしようとしたため、英仏関係が悪化し、以後、長年にわたって断続的に戦争が行われるようになった。特に一七四〇年から一七四八年の「オーストリア継承戦争」は欧州の多くの国を巻き込んだ戦いになり、欧州以外でもカナダやインドの植民地で英国軍はフランス軍と戦うことになった。戦争終結後も欧州では火種が燻《くすぶ》りつづけ、一七五六年には英国の支援を受けたプロイセンがザクセンに侵入し、オーストリア、フランス、ロシアなどとの「七年戦争」が始まった。植民地でも英国とフランスがぶつかり合う構図が続いた。まさに混沌《こんとん》の一八世紀であった。

七年戦争の終結にあたって、一七六三年に英仏西の間でパリ条約が締結された。これにより英国は北米ではカナダとミシシッピ以東のルイジアナを手に入れ、インドではほぼ全域での優位を確保し、英国の世界的な覇権が確立したと言える。この間、植民地貿易がいっそう盛んになり、英国内では産業革命が進行した。その反面、長年の戦争で戦費が膨らみ、国民に重税を課すようになった。植民地の防衛や拡大にかかった費用は税として植民地にも負担させることになり、一七六四年には砂糖法、翌年には印紙法が成立した。特に印紙法は大きな反発を招き、撤回に追い込まれるなど、アメリカ東部の一三植民地では徐々に英国への反発と独立の気運が高まっていった。

一七七三年にはボストン茶会事件が起きる。英国は新たに制定した「茶法」によってアメリカに輸入される茶の取り扱いをイギリス東インド会社が独占し、関税を徴収しようした。これに対し、アメリカの愛国的急進派が反発し、ボストン港に停泊中の東インド会社の茶船三隻にアメリカ先住民に扮装して忍びこみ、三四二箱の茶箱を海に投げ込んだのである。実際には、当時のアメリカ人が飲んでいたお茶の九割はオランダからの密輸茶であり、茶法によって縛られることを嫌ったオランダの茶業者とアメリカの茶卸業者が結託し、反英急進派をけしかけて引き起こした事件だったと言われる。

一七七五年四月には、アメリカ独立戦争の戦端が切られ、翌一七七六年には独立宣言が出されて、正式にアメリカ合衆国が誕生した。一七七七年、ニューヨーク州のサラトガでの戦いで英国軍が敗れると、独立派側には翌年フランスが、つづいてスペインやオランダがつき、英国は劣勢に立たされることになる。英国にとっては一八世紀に入ってから最初にフランスに敗北した戦争ともなった。一七八三年にはパリ条約でアメリカの独立が承認された。

一八世紀末、アメリカ独立により、英国の植民地政策は大きく見直されることになり、重点をアジアにシフトし、インドを中心に再編が図られることになった。第三章に述べたごとく、英国がインド統治に動いたのは一七世紀初頭であり、一七五七年のプラッシーの戦いを経て、イギリス東インド会社がベンガル地域などの統治権（地租徴収、民事裁判権など）を獲得。その一〇〇年後の一八五七年のセポイの乱を機に、インドの直接統治へと踏み込んでいったのである。アメリカ独立戦争の経緯とインド植民地支配の深化の動きが微妙に相関していることがわかる。

そのインド支配の主役を担った東インド会社は、当初インドで綿布をつくり、英国に運んでいた。しかし、産業革命の進展とともに英国内で綿織物の生産が増加したため、インド産綿布が売れなくなり、やがて中国（清）にインド産の綿布やアヘンを売りつけ、その代金で英国が中国から茶を輸入する「悪魔の知恵」的な三角貿易が行われるようになる。一九世紀には抵抗する中国にアヘン戦争をしかけて勝利し、主要な港を開港させて貿易の拠点としていく。

　トインビーは、英国にとっての歴史の教訓として、アメリカ独立戦争を通じ植民地主義の限界と自治を容認することの大切さを学んだと指摘するが、そこには時間差がある。アジアではインド、中国から「悪魔の三角貿易」で甘い汁をすすり、二〇世紀半ばまで植民地支配を続けたのである。ただし、植民地を巡る血まみれの歴史から、何かを学びとったことも確かで、それが二〇世紀のインド独立、アフリカ諸国の独立、香港返還までつながっている。

　英国が後退しながらも影響力を残すという「引き際の魔術師」であることはすでに触れた。植民地の人たちにとって英国は、収奪の限りをし尽くした植民地主義者で、憎んでも余りあるはずだが、英語という公用語を残し、英国法を残し、さらにはさまざまな文化を残して、今日まで敬意を払われる存在なのである。「ユニオンジャックの矢」に象徴される存在こそが、英国が歴史の中で学び取った成果ではないだろうか。

　英国の帝国主義が残した負の遺産が今日も続いていることも指摘しておかねばならない。オスマン帝国は第一次世界大戦で同盟国側につき、英国、フランス、ロシアの連合国側と戦うことになった。このとき、英国は「三枚舌外交」で数々の密約を結んだ。一九一五年にはメッカ太守フサイン・イブン・アリーとフサイン＝マクマホン協定を結び、オスマン帝国の支配下にあったアラブ地域の独立と、アラブ人のパレスチナでの居住を認めた。オスマン帝国の劣勢が明らかになると、戦争終結後のオスマン帝国領の分割が連合国側の英国、フランス、ロシアの間で話し合われ、一九一六年にはサイクス・ピコ協定が結ばれた。これにより英国の勢力範囲をシリア南部と南メソポタミア（現在のイラク）とし、フランスの勢力範囲をシリア、アナトリア南部、イラクのモスル地区、そしてロシアの勢力範囲を黒海東南沿岸、ボスポラス海峡、ダーダネルス海峡両岸地域としたため、不自然な人工的国境線が生まれることになった。さらに一九一七年に英国政府はパレスチナにおけるユダヤ人の居住地建設を認める「バルフォア宣言」を行った。これらは今日に続く中東問題の根幹をなし、争いの火種になっているのである。

世界はその余震に揺さぶられ続けているともいえる。

第六章

日本と英国

――四〇〇年にわたる歴史的関係

「青い目のサムライ」三浦按針の来訪

日本にとって英国との出会いは一六〇〇年にまで遡る。この年の四月一九日、豊後臼杵《うすき》(現在の大分県臼杵市)近くに一隻のオランダ船「リーフデ号」が流れ着いた。一五九八年六月二四日、東インドの香料諸島を目指してオランダのロッテルダムを出港した五隻のうちの一隻である。

船団でアフリカ西岸を南下し、大西洋を越えて南米大陸南端のマゼラン海峡へと向かったが、航海は悲惨を極め、途中で嵐に遭ったり、多くの乗組員が病に倒れたりして、船団は次第にバラバラになってしまった。南米大陸を太平洋側に回ってからも先住民の襲撃にも遭うなどして、未知の航路である太平洋の横断へと乗り出したときには、わずか二隻になっていた。ハワイ諸島を過ぎたあと、嵐により一隻は沈没し、リーフデ号のみが漂流しながら日本へとたどり着いたのである。

出発時にいた一〇〇名余りの乗組員は、日本にたどり着いたときにはわずか二四名になっていた。救助されたときには多くの者は空腹と病のために伏せったままで、中には瀕死《ひんし》の状態の者もいた。立ち上がることができたのはわずか七名。その中に英国人の航海士ウィリアム・アダムスがいたのである。

この年にオランダから出発したリーフデ号が日本に漂着したことも、またそれに英国人の航海士が乗っていたことも決して偶然ではない。当時のオランダの事情、英蘭関係が微妙に投影されているのである。前章でも触れたように、英国は一六世紀以降、カトリック国のフランス、スペインとの緊張関係にあった。一五六八年から始まったオランダのスペインからの独立戦争でエリザベス一世はプロテスタントのオランダを支援するなど、当時の英国とオランダは親しい関係を保っていた。一五八八年に英国がスペイン無敵艦隊を打ち破った「アルマダの海戦」はそうした背景があって起きたものである。

若きアダムスはこの年に海軍に入り、貨物補給船の船長としてアルマダの海戦にも加わっている。その後、アダムスは航海を重ねているときに、オランダ人船員から極東を目指す航海が計画されているという噂を聞き、参加を打診。船団の航海士の一人として採用されたのである。世界で最初の株式会社であるオランダ東インド会社が設立されたのは少しあとの一六〇二年のことであり、当時スペインの手によってほぼ独占されていたアジアとの貿易に食い込むため、オランダのロッテルダムの投資組合は独自でアジア航路を開拓しようとしていたのである。

リーフデ号が漂着したのは関ヶ原の戦いが起こる約半年前のことである。豊後に漂着したアダムスらは手厚くもてなされたが、日本で活動していたカトリックのイエズス会士らは、敵対するプロテスタントの国オランダから船が漂着したことを聞き及び、乗組員たちを即座に処刑することを訴えたのである。豊臣秀吉の死後、大坂城で五大老首座の地位にあった徳川家康はその声を無視するように、アダムスらを大坂に呼び出し、数度にわたって謁見《えっけん》した。家康はアダムスから、英国やオランダがスペインやポルトガルのカトリックの国と対立関係にあるという事情を聞き、大いに興味を抱いたのである。監禁を解き、生き残った他の乗組員たちとともにリーフデ号を江戸湾へと送った。

関ヶ原の戦いで徳川側が勝利したあと、アダムスは江戸に留まりつづけ、日本人女性と結婚する。家康の命を受けて、江戸湾で沈没してしまったリーフデ号に替わる船を建造する事業に取り込み、伊豆半島の伊東で数年をかけて成功させる。こうして家康の信を得たアダムスは一六〇七年に旗本となり、相模国逸見《へみ》に領地を得て、「三浦按針《あんじん》」と名乗ることになった。三浦は領地のあった三浦半島から取り、按針は航海士の意味である。以後、家康の外交顧問や通訳として活躍した。

通訳としては、オランダに対する通商許可書の交付を家康に働きかけた。その一方で、一六一一年になってジャワ島のバンタム（バンテン）にある母国イギリス商館に手紙を送り、英国に日本との交易に乗り出すことを勧めた。イギリス東インド会社の設立は一六〇〇年のことであり、最初の航海によって一六〇二年にはバンタムにイギリス商館ができていたが、日本にいたオランダ人たちはアダムスにそれを告げず、アダムスは一六一一年になってようやくそのことを知ったのである。

一六一三年には、バンタムから出発した英国の「クローヴ号」が長崎の平戸に到着し、使者たちをアダムスは家康のいた駿府城まで案内している。このときアダムスは英国帰国の許可を得たものの、日本に残ることを選択した。クローヴ号が去ったあと、平戸のイギリス商館の設立を手伝い、一六一六年の家康の死去後は平戸で暮らした。江戸幕府初期の「御朱印船貿易」の主役の一人が按針であり、彼は現在のベトナムやタイにも渡航し、琉球にも長期間滞在している。一六二〇年にアダムスは客死し、一六二三年にはイギリス商館は閉鎖された。

生涯を振り返ると「さむらいウィリアム」こと、三浦按針はかなりしたたかな男だったと思われる。オランダのために働いているわけでもなければ、英国のために働いているわけでもない。特にクローヴ号が日本にやってきたときは、自分が築いた日本との特殊な関係を英国側にも高く評価させようとして、さまざまな駆け引きを展開している。

アジアでの英国の海洋覇権と江戸後期日本

江戸幕府はその後、オランダや清国から船の入港を長崎のみに制限（一六三五年）したあと、ポルトガル船の入港を全面的に禁じる（一六三九年）などの鎖国政策を次々と打ち出した。正式な商館だけでなく、ウィリアム・アダムスのような人物を通しての日本と英国の関係も長期にわたって途絶えることになった。とはいえ、長崎の出島を通じたオランダと清国との交易や、朝鮮王朝・琉球王朝との交流などによって、世界の動静やアジアでの英国の動きは日本にかなり伝わっていたと見るべきだろう。

日本に最初に訪れたのは西欧の国はポルトガルだが、そのポルトガルはアジアへ、スペインは中南米へと交易のエリアを広げたものの、ほどなくアジアのポルトガルの拠点はオランダに奪われる。何よりも、イベリア半島におけるスペインの隆盛を背景に、スペイン王フェリペ二世の時代の一五八〇年に、ポルトガルはスペインに併合され、一六四〇年までの六〇年間、ポルトガルという国は存在しなかった。つまり、本能寺の変（一五八二年）から関ヶ原の戦い（一六〇〇年）を経て、「鎖国の完成」として年表に出てくる「ポルトガル船来航禁止」（一六三九年）のころまでの期間、国としてのポルトガルは消滅していたという事実を正確に理解しておくべきである。

そして、日本においては独占的交易権を握っていたオランダも、アジア全域において、一九世紀にかけて次第に英国に勢力の面で凌駕《りょうが》されていく。その流れは、ひたひたと日本にも迫ってきた。

英国は一九世紀の後半にヴィクトリア朝時代を迎え、大英帝国の黄金期を迎えることになるが、その流れをつくったのはまさしく「エンパイア・ルート（帝国の道）」である。インドへの道を模索してルートを築き上げ、インドの先にある中国の存在に気づいて近づき、そこに茶と陶磁器という魅力的な貿易品があることを見出す。その中国との交易を成り立たせるためにインドを基盤にして、ルートを築いていったのである。

インドから中国へという海のルートにおいて、両者をつなぐマレー半島とスマトラ島の間のマラッカ海峡はとりわけ重要である。シンガポールは第三章で触れたとおり、もともとはシンガプーラと呼ばれる港町だった。マラッカ海峡一帯では一四〇二年にマラッカ王国が成立していたが、一五一一年にポルトガルによって滅ぼされる。シンガプーラも一五一三年にはポルトガル領となったものの町は荒廃し、湿地にある小さな漁村となってしまった。

ポルトガル領マラッカは一六四一年にオランダとジョホール王国によって滅ぼされ、オランダ領マラッカに変わる。一七世紀を通じて、オランダ東インド会社はバタヴィアを拠点にマラッカ海峡の東側に広がるジャワ島、ティモール島、モルッカ諸島（香料諸島）で、胡椒やさらに高価なナツメグ、クローブなどの香辛料の貿易をほとんど独占するようになったのである。また、江戸幕府との貿易も清国とともにほぼ独占し、莫大な利益を上げていた。

イギリス東インド会社は一六二三年にモルッカ諸島のオランダ商館を巡って起きたアンボイナ事件で英国人、日本人、ポルトガル人が処刑されたことをきっかけに平戸のイギリス商館を閉鎖して、交易の主眼を東南アジアからインドへとシフトさせ、胡椒や香辛料などから綿布や絹などの輸入に力を入れるようになった。アンボイナ事件が一つの原因となり、英国とオランダの間では海上交易の覇権をめぐって対立が深まり、一七世紀後半には三次にわたる英蘭戦争が行われ、一八世紀に入ってオランダの国力が衰えていく原因の一つとなった。

イギリス東インド会社は綿布だけでなく茶や陶磁器なども大量に扱うようになり、貿易の品目は次第に多様化していった。一七一七年に中国との直接貿易が本格化し、一七二〇年代になると英国の茶の輸入量は爆発的に増加した。英国はインドのプラッシーの戦い（一七五七年）ではベンガル太守とフランス軍の連合軍を打ち破り、ブクサールの戦い（一七六四年）ではインド連合軍を破り、ベンガルなど三州の収租権を得て、インドの植民地支配を確かなものにした。一七八九年にはフランス革命が起こるが、一七九五年にフランス革命軍によってオランダが占領されると、混乱の中でオランダ東インド会社は一七九九年に解散することになる。

欧州の国々はナポレオン率いるフランス革命軍に次々と降伏し支配されていった。一八〇五年、英国はフランスとスペインの連合艦隊をトラファルガーの海戦で撃破し、英国上陸を阻止する。ロンドンの中心にはトラファルガー広場があり、この海戦で戦死したネルソン提督の記念碑が建っている。一八四〇年から一八四三年にかけてつくられたもので、ロンドンを訪れた夏目漱石も一九〇〇年にまさにこの場所に立っている。記念碑を取り囲むようにブロンズ製の四頭のライオン像が置かれているが、東京・日本橋の三越本館の正面玄関にあるライオン像がこの模型であることは有名な話である。もとはフランス、スペインに対する英国の戦勝を記念したものであり、海洋支配の栄光の歴史を象徴するものでもある。

ちょうどトラファルガーの海戦が起きた年、一八〇五年に東インド会社の職員としてマレー半島のペナン島に赴任したのが、二四歳のころのトーマス・ラッフルズである。シンガポールにはラッフルズホテルという有名なホテルがあるが、この人物の名前からとられたものである。一八一九年にラッフルズがマレー半島の先端にある湿地の小さな漁村に上陸したのが、現在の

「ユニオンジャックの矢」に繋がるシンガポールの原点と考えて差し支えない。

ラッフルズはペナン島で研鑽《けんさん》を積んでいたが、オランダがフランスの支配下となり、オランダ領だったジャワがフランスの属領となったのを見て、インド総督のミントーにジャワ遠征を訴えて、一八一一年にジャワ島占領に成功する。ジャワ及びその付属地の総督となったラッフルズの統治は一八一六年まで続いた。この「付属地」には日本のオランダ商館も含まれ、ラッフルズは一八一三年から一八一四年にかけて三回にわたり、日本と英国との貿易を求めて長崎に使節団を送っている。

少し前の一八〇八年、すでに長崎には英国の軍艦フェートン号が現れていた。オランダ船の拿捕《だほ》を目的にオランダの国旗を掲げて入港し、対応に訪れたオランダ商館の職員二名を拉致《らち》し、オランダ船の引き渡しを要求したのである。水・食料と引き替えに人質は解放されたが、もめ事の責任をとって当時の長崎奉行の松平康英《やすひで》は切腹した。幕府はこれに衝撃を受け、以後、外国船の入港にあたっては秘密の信号旗を用いるなど、厳格なルールが設けられた。

そこでラッフルズは前オランダ商館長だったウィレム・ワルデナールと英国人医師エーンスリーをイギリス商船シャーロット号に搭乗させ、オランダの国旗を掲げて長崎に向かわせた。出島のオランダ商館に対して英国支配下のジャカルタ政庁（バタヴィア）に服従することを迫ったのである。オランダ商館長のヘンドリック・ドゥーフはかつてワルデナールの部下だったが、頑強に抵抗した。使節の往復が繰り返されるが、交渉がまとまらないまま、ナポレオン戦争が終結した一八一五年にオランダへのジャワ領返還によって、この件は立ち消えになった。

ちなみにラッフルズはジャワ領のオランダへの返還によって撤退し、一時英国に帰国するが、再びにマラッカ海峡に戻り、前述のように一八一九年にシンガポールに上陸したのである。シンガポールは新たに自由貿易港として整備され、一八二四年には英国領となり、一八三二年には海峡植民地の首都になるほどに発展した。

ところで、ラッフルズについては、信夫清三郎《しのぶせいざぶろう》の名著『ラッフルズ伝――東南アジアの帝国建設者』（平凡社・東洋文庫、一九六八年）があるが、この本は日本が英国と交戦していたアジア太平洋戦争の真っただ中の一九四三年に日本評論社から出版されたにもかかわらず、「敵国イギリスをほめている」という理由で発売禁止になったものだという。客観的事実を探究した学術書さえ出版できないほど偏狭な時代が、わずか七十数年前にあったのである。

ラッフルズがジャワ領から去ったあともイギリス船は次々と日本周辺に現れ始めた。一八一六年には交易を要求して琉球にイギリス船が現れている。一八一八年にはロシアへ向かうイギリス商船ブラザース号が浦賀に来港し、船長のゴルドンが日本との通商を求めた。一八二四年には英国の捕鯨船が水戸藩領の大津浜に現れることもあった。これらの出来事に危機感を強めた江戸幕府は、一八二五年に異国船打払令を出すことになる。

英国がアジア各地で植民地を拡大し、極東の地にもその影がひたひたと迫っていることに日本人は気づき始めた。決定的だったのは、一八四〇年に起きたアヘン戦争である。英国の強力な海軍力が日本の至近距離にまでやってきていて、大国の清国をも打ち負かし、日本の平安を脅《おびや》かすほどの存在感を持つほどになっていたのである。

日本の幕末に与えたアヘン戦争の衝撃

アヘン戦争にいたる過程は英国の植民地支配の横暴《おうぼう》さを示すものである。英国国内では一八世紀半ばに産業革命が始まった。産業革命というと、単に綿工業が花開いて飛躍的に生産量が拡大したと思いがちだが、実際には主にインドから輸入していた「キャラコ」と呼ばれる綿布を自国でつくる試みだったと言える。安価に英国で生産できるようになった綿布は逆にインドへと輸出されて市場を席巻する一方、インド製のキャラコは英国で売れなくなってしまった。

当時、英国では紅茶を飲む習慣が広がり、中国からの茶や陶磁器の輸入が急速に伸びた。しかし、その代替として英国から中国へ売るものは限られており、それが莫大な貿易赤字を生むようになる。そこで、インドでアヘンを栽培し、それを中国で売って茶や陶磁器の代金に充てるという悪魔の発想に飛びついていったのである。アヘンは当初、私貿易でも中国に持ち込まれていたが、イギリス東インド会社は中国茶貿易の独占権を握っていただけでなく、一七七三年にインドでのアヘン専売権を、一七九七年にはアヘン製造独占権を得た。そして、アヘンの栽培と輸出で豊かになったインド市場に英国製の綿布を売りつけていくのである。三角貿易はアジアの民衆の悲劇を前提とした極めて危ういものであり、大英帝国のアジア進出はこうした邪悪な構造によって成り立っていたのである。

一八四〇年、広東地方で行われた清国のアヘン取り締まりが発端となり、アヘン戦争が起きた。のちに英国首相となるウィリアム・グラッドストンが同年四月八日に議会で行った演説は実に感動的である。「その起源においてこれほど正義に反し、この国を恒久的な不名誉の下に置き続けることになる戦争をわたくしは知らないし、これまで聞いたこともないと、明言できる」と怒りを込めて、この戦争を批判した。「そもそもイギリス国旗が英国人の精神をいつも高めることになるのはどうしてであろうか。それはイギリス国旗が常に正義の大義、圧政への反対、国民の諸権利の尊重、名誉ある通商の事業に結びついていたからこそであった。ところが今やその国旗は高貴な閣下の庇護の下で、悪名高い密貿易を保護するために掲げられているのである」。

グラッドストンの所属していた自由党は野党だった。与党のホイッグ党のメルバーン内閣を擁護してパーマストン外相は翌日、アヘン取引を正当化するまったく反対の意見を述べている。中国政府がアヘン貿易の取り締まりを道徳的な意図から行っているというのはどうも疑わしい。それは中国国内でアヘンの原料となるケシの栽培が禁止されていないことから明らかだと言うのである。アヘン貿易の取り締まりを求めているのは、実は中国国内でのケシ栽培業者や貴金属（銀地金）の流出を防ぎたいと考えている者たちで、むしろロンドンで中国貿易に従事する英国商人たちの利益こそが危機に瀕している。「武力の示威が、さらなる流血を引き起こすことなしに、われわれの通商を再興することはできない」と主張し、戦争に突入していったのである。

このグラッドストンとパーマストン外相の演説から、大英帝国の栄光の基盤である「エンパイア・ルート」について、当時の英国のリーダーたちがどのような認識を持っていたのかがわかる。アヘン戦争は大英帝国の栄光や正当性に対して、大きな疑問を投げかけるものであった。しかし、全体としてはパーマストン外相の見方のほうが主潮であり、アヘン戦争はエスカレートしていくことになる。しかも、英国は多くのインド兵を投入して、中国と戦ったのである。

日本はアヘン戦争の結果、清国が敗れ、終結時に南京条約によって上海など五つの港の開港を迫られたことを知り、一八二五年に出した異国船打払令を改め、外国船が漂着した場合には水や燃料を与える「薪水《しんすい》給与令」を一八四二年に出すことになった。ペリー来航の一一年前である。長州の高杉晋作（一八三九〜六七年）が、藩命を帯びて開港後の上海に密航したのが一八六二年であり、衝撃を受けた高杉の報告が尊王攘夷、倒幕運動に与えたインパクトは大きかった。そして、これが翌一八六三年の「長州ファイブ」の英国への密航への導火線となったのである。

「長州ファイブ」と明治維新

アメリカのペリー艦隊が浦賀に来港し、日本に開国を迫るのは一八五三年のことであった。日本とアメリカの関係に目を奪われがちだが、そこには日本に迫り来る英国の影があった。ペリーの艦隊はアメリカ東海岸のバージニア州ノーフォークから大西洋を渡り、アフリカ南端・喜望峰を回ってインド洋に抜け、英国の植民地であるセイロン（現スリランカ）、シンガポール、香港、さらには南京条約で開港された上海を経由して、琉球に立ち寄って浦賀にやってきていた。翌一八五四年には日米和親条約が結ばれ、下田と箱館（現在の函館）を開港することになった。このあと一八六七年の大政奉還に至るまで、攘夷かそれとも倒幕かを巡って、日本は動乱期に入っていく。

一八五八年、日米修好通商条約が締結された一か月後には、英国との間でも日英修好通商条約が結ばれた。平戸のイギリス商館閉鎖から実に二三五年後のことである。一八六〇年代に入ると、日英関係はさまざまな意味で密度を深め、複雑な軌跡を見せ始める。

江戸幕府は一八六〇年にアメリカへ使節を送ったのに続いて、翌一八六一年には欧州へ公式使節団を派遣する。主な目的は修好通商条約で約束した江戸、大坂、兵庫、新潟の開港の延期を欧州各国に要請するためである。一行は三八名で、正使は勘定奉行兼外国奉行の竹内下野《たけうちしもつけの》守保徳《かみやすのり》、副使は松平石見守康英《まつだいらいわみのかみやすひで》、監察使は京極能登守高朗《きょうごくのとのかみたかあきら》だった。彼らは一八六二年五月、フランスを経てドーバー海峡を渡ってロンドンに到着し、約一か月半の間、ハイドパークに近いブルック街のクラリッジズ・ホテルに宿泊した。当時、第二回ロンドン万国博覧会が開催されており、一行は何度も足を運んでいる。

同じ年の八月、日本では薩摩藩主の行列の間を騎乗したまま通り過ぎようとした英国人が殺傷されるという「生麦事件」が起きている。翌年には、その補償をめぐって鹿児島湾に現れた英国艦隊と薩摩藩の間で薩英戦争が起きた。

この動乱期にあって、英国の影を感じさせる象徴的な出来事は「長州ファイブ」だろう。一八六三年五月に若き長州藩士五名が密航船に乗って上海経由で英国に渡り、ロンドン大学（UCL）で学んだのである。当時、英国の新聞は彼らを「長州ファイブ」と呼んだが、日本と英国の歴史にとって重要なのは、この五人の中にのちに明治政府の初代総理大臣となる二二歳の伊藤博文や、初代外務大臣となる二八歳の井上馨《かおる》が含まれていたことである。一緒に英国に渡った遠藤謹助《きんすけ》、山尾庸三《ようぞう》、井上勝《まさる》も、後述するように、それぞれ明治政府で中心的な役割を果たすのである。

長州藩の若い藩士が英国を目指したのには理由がある。一八五三年のペリー来航は日本の知識人たちの間に、日本は清国のように外国の力に屈して植民地になるのではないかという強烈な危機感を呼び起こしていた。吉田松陰は自ら西欧に渡り、海軍術や国防の基礎を学ぶ必要があると考え、翌年、日米和親条約締結を目指して下田に再度訪れたペリーの艦隊に乗船を試みている。

松陰は討幕運動で幕府に危険視され、五年後には獄死する。松陰の影響を受けていた長州藩の若者たちがその遺志を継ごうと、強大な海軍を持つ英国への渡航を企てたのである。井上馨から山尾庸三、井上勝とともに三名で渡航するという計画を打ち明けられた長州藩主の毛利敬親《たかちか》は一人二〇〇両ずつの資金を密かに与えた。この三名に伊藤博文、遠藤謹助が加わり、英国へと向かったのである。高杉晋作の上海密航の翌年であった。

興味深いのは、この渡航を仲介したのが英国商社のジャーディン・マセソン商会横浜支店だということである。すでに触れたように、ジャーディン・マセソン商会はイギリス東インド会社の流れをくむ商社で香港に本店を持っていた。現在では世界最大の金融機関となったHSBCホールディングスの母体である香港上海銀行は、主に同商会の送金業務を行うために設立された。また、長崎のグラバー邸で有名なトーマス・グラバーが設立したグラバー商会はジャーディン・マセソン商会の長崎代理店であり、実質的にジャーディン・マセソン商会の配下にあった。グラバーは坂本竜馬の設立した亀山社中に対して武器売却を行うほか、薩摩藩士の英国留学の手助けも行っている。幕末維新史においてジャーディン・マセソン商会が果たした役割はきわめて大きかったのである。

ちなみに、ジャーディン・マセソン商会の社名は共同創設者であるウィリアム・ジャーディンとジェームズ・マセソンの名前をとったものである。二人ともスコットランド出身のユダヤ人で、トーマス・グラバーも含めて、フリーメーソンのメンバーであったことから、日本の維新もフリーメーソンが影響を与えているという説を唱える論者もいるほどである。

さて、長州ファイブの五人は密航船で上海に着くと、ジャーディン・マセソン商会の上海支店の手配でロンドンへ向かう英国船に乗せてもらった。それだけでなく、ロンドンでは宿泊先の紹介も受けている。彼らはロンドン大学の教授の世話になりながら、ロンドン大学で主に理工学系の学問を学んだ。

宮地ゆうの『密航留学生「長州ファイブ」を追って』（二〇〇五年、萩ものがたり刊）によると、勉学の合間にはイングランド銀行の当時世界一と言われた造幣技術を見学し、訪問時の名簿も残っているという。井上馨と伊藤博文は、一八六四年に英国、フランス、オランダ、アメリカの連合艦隊が長州藩を攻撃しようとしていることを知ると、留学を半年で切り上げて帰国した。二人は横浜で英国公使のアーネスト・サトウと会うなどして、衝突を回避するための努力をしたが、長州藩の強硬政策を覆すことができず、下関戦争（馬関戦争）が起きてしまう。この戦争で列強の軍事力を見せつけられ敗北した長州藩は、攘夷から倒幕へと転換していくのである。

遠藤謹助は一八六六年まで、山尾庸三、井上勝は明治元年の一八六八年まで英国に留まり、先端の技術を学び続けた。大阪造幣局というと今では「桜の通り抜け」が有名で、花の時期になると桜並木が開放され見物客でごった返すが、この桜の通り抜けを発案したのは遠藤謹助である。

長州ファイブは帰国後、明治政府のさまざまな役職に就くが、造幣局長は五名のうち四名が務めている。井上馨が初代局長を務めた時期に、遠藤謹助は造幣権頭として新貨幣の造幣に当たった。英国政府が香港で二年間使っていた中古の造幣機を、日本政府はグラバー商会を通じて六万両もの高額で購入したのである。当初、技術者はすべて英国人だったが、彼らが帰国したあと、遠藤は造幣局長となり、日本人の技術による貨幣製造を行うのである。結果的に見ると、ジャーディン・マセソン商会は、長州藩の若者たちの英国留学を支援するという投資に対して、十分な元をとったと言えるのである。

山尾庸三、井上勝も日本に英国の最先端の技術を持ち込むことに尽力した。山尾庸三はロンドン大学だけでなく、エンジンで優れた技術を持っていたグラスゴーのネイピア造船所でも学ぶ。明治元年に帰国すると、横須賀製鉄所に船のドックをつくり、工学寮（東京大学工学部の前身）を創設し、エンジニアの育成に力を注いだ。井上勝は鉱山技術・鉄道技術を学び、帰国したあとは鉄道敷設に尽力した。新橋・横浜間の鉄道建設は英国の技術と資金援助によって行われ、建築師長には英国人のエドモンド・モレルが当たり、鉄道頭として日本側を代表した。このことから井上勝はのちに「日本の鉄道の父」と呼ばれるようになった。

長州ファイブとは、明治維新史において英国が果たした微妙な役割を象徴している。幕府はフランスとの関係を強め、軍事顧問の受け入れなど支援を受けていた。万延元年（一八六〇年）の遣米使節でワシントンを訪れた小栗上野介《こうずけのすけ》はフランスの借款と技術援助で横須賀に日本初の造船所（のちの横須賀工廠《こうしょう》）を建設する事業を進めた。これに対して英国は、薩英戦争（一八六三年）、下関戦争（一八六三〜六四年）など、薩摩、長州との軍事衝突を通じて反幕府勢力への影響力を強めていく。長州ファイブの密航はまさにこれらの時期と重なる。長州ファイブを受け入れた英国の深慮遠謀は驚くべきものである。

ただし、幕末維新から明治にかけて英国を訪れた日本人は、産業革命を進めた英国の科学技術と産業力には驚嘆し、敬服したが、王権と議会を共生させ「立憲君主制」に辿り着いた英国の政治史にはあまり学ばなかった。明治期の日本は、欧州の新興勢力たるプロイセン主導のドイツに魅かれていく。政治体制から明治憲法まで、ドイツの影響を受けた天皇制絶対主義、国権主義的体制を確立していく。明治という時代に国費留学生として海外留学した日本人の約六割はドイツに留学した。そして、このドイツ・モデルへの過剰なまでの傾斜が日本近代史における「戦争の悲劇」に繋がっていったといえる。

日英同盟の二〇年——日本近代史の成功体験

日本と英国の関係で歴史的に特に重要なのは、一九〇二年に結ばれた日英同盟だろう。明治期に入って日本は次第に国家形成のモデルを新興のプロイセンに採り始める。英国では一九世紀後半のヴィクトリア期に英国流の立憲君主制の形を整えていくが、岩倉具視《ともみ》をはじめとする当時の日本の指導者は「王政」と「代議制民主主義」を絶妙にバランスさせる英国的知恵が理解できなかった。国王・国家元首の権限が議会によって制約・棚上げされることへの拒否感が強かったのである。

ところがその日本が、二〇世紀に入ると日英同盟という外交軸を選択することになる。日露戦争から第一次世界大戦までは、世界という舞台に日本が彗星のごとく台頭する時期にあたり、日本近代史においていまだに成功体験として語り継がれている。その後ろ楯となったのが、まさに英国との同盟関係であり、日露戦争に勝利できた理由もこの同盟にあったと言える。その後、日英同盟は第一次世界大戦後に開催された一九二一年のワシントン会議の四か国条約で解消されるまで約二〇年にわたって続き、この間、日本は日英同盟を主軸に外交を行った。

英国が日本と同盟を結んだのは、何よりも極東地域で南下を企てるロシアを牽制するためだったと言える。しかし、英国が新興勢力の日本を同盟のパートナーとして信頼の置ける相手であると考える理由があったはずである。

戊辰《ぼしん》戦争で逆賊とされた会津藩士の生き残りに柴五郎という人物がいる。一八五九年に会津藩士の五男として生まれ、九歳のときに会津城は落城し、祖母、母、姉妹の自害と白虎隊の自刃を直接体験している。会津は下北半島の斗南《となみ》に移封され、柴五郎も青森県庁の給仕からスタートして一五歳で設立間もない東京の陸軍幼年学校に入学。明治という時代が生んだ運命なのか、驚くべきことに薩長藩閥の陸軍において、のちには大将にまで登りつめた。東京帝国大学総長になった山川健次郎も同じように会津白虎隊士の生き残りで、若いころには後輩で友人でもあった柴五郎の面倒を見たと言われている。

柴五郎が歴史に名を残したのは、清国での駐在武官として赴任後に起きた一九〇〇年の義和団事件（北清事変）においてである。当時、中国では列強による支配に対する反発から義和団と呼ばれる宗教的秘密結社が生まれ、外国人やキリスト教徒を襲撃、殺害するなどの排外運動を各地で繰り返していた。義和団は急速に勢力を拡大し、約二〇万人の反乱軍となり、北京に進入して列強公使館を包囲した。これを見た清朝政府は義和団弾圧から支援へと方向を変え、列強に対して宣戦布告したのである。ニコラス・レイ監督の『北京の55日』という映画があるが、義和団に包囲された一一か国の居留民が北京に籠城《ろうじょう》して戦った過程を西洋の側から描いたものである。実はこのとき、北京に侵攻した多国籍軍の中で、日本派遣軍を指揮して日本進駐地区の軍政官となったのが柴五郎中佐である。他の列強の軍隊が戦利品を求めて略奪行為に走るなか、柴中佐が率いた日本軍は規律と統制を守り抜き、中国人を保護したため、日本管区に移住する住民が続出した。籠城が持ちこたえることができたのは、日本軍の奮闘があったからだと「ロンドンタイムス」紙などでも讃えられた。「コロネル・シバ」の凜《りん》とした存在感は、英国の日本への信頼と期待を醸成し、二年後の一九〇二年に日英同盟を成立させる一因になったとも言われる。

日英同盟については、当時さまざまな見方があった。フランスの「ル・タン」紙は「(日英同盟は) 日本人の自尊心を大いに満足させている。なぜなら、今なお成り上がり者と感じているこの国民にとって、これは貴族社会での結婚のようなものだから」(一九〇二年二月一四日付) と揶揄《やゆ》した。当時、在英中だった夏目漱石は浮かれた日本の論調を知り、「斯《かく》の如《ごと》き事に騒ぎ候《そうろう》は、恰《あたか》も貧人が富家と縁組を取結びたる喜しさの余り、鐘太鼓を叩《たた》きて村中かけ廻る様なものにも候はん」と冷笑している。興味深いのは、かつての長州ファイブである伊藤博文、井上馨の二人ともが日英同盟に反対したことである。そこには「栄光ある孤立を標榜する英国が日本を真剣な同盟相手として評価するはずがない」という認識があったようだ。英国の実像を知る者ほど、日英同盟に対して楽観的になれなかったのであろう。

しかし、日本は大英帝国を後ろ楯にしながら、ロシアと戦って日露戦争に生き延びた。次に日英同盟を理由に参戦したのが第一次世界大戦であり、今でいうと集団的自衛権の発動だった。戦争は欧州で行われていて、日本とドイツとの間に際立った争いごとがあったわけではなく、英国に参戦を要請されるどころか、英国の外務大臣らが日本の自制を訴えるなかを、押しかけ同盟責任を口実にドイツの山東利権に襲いかかる。どこかで聞いたような論理で戦争にしゃしゃり出ていったのである。ドイツ軍の青島《チンタオ》要塞を攻略し、さらに山東半島へと支配を広げた。日本は戦勝国として、ベルサイユ講和会議に列強の一翼を担う形で出席したのである。

一九二一年の日米仏英によるワシントン会議での四か国条約締結で、日英同盟は破棄されるが、これはアメリカの思惑を強く反映した条約であり、「国際協調主義」の名の下にアメリカのイニシアティブによる多国間の国際協調・勢力均衡体制を構築しようとするものであった。

アメリカ側には、このまま日本が日英同盟を固めて行動をしていくと、やがてアメリカとの間で軍事衝突が避けられなくなるのではないかという不安と懸念があったためと思われる。アメリカにとっては宗主国であった英国が日本と同盟関係を維持しながらアメリカに向き合ってくるのを避けたかったのである。

日本は日英同盟を失って多国間関係の中に置かれて、遅れてきた植民地帝国として列強間の力比べの中でダッチロールを始めることになる。満州国問題をめぐって国際的孤立を招き、中国での戦線を拡大し、ついに真珠湾攻撃の道へと突っ込んでいくのである。日本にとって日英同盟の一九〇二年から一九二一年までは栄光の二〇年だったが、一九二一年から真珠湾攻撃へと至る期間は迷走の二〇年となったのである。

戦後首相を務めた吉田茂は、外交官として一九〇九年に約一年間ロンドンに赴任し、また一九三六年には駐英大使として赴任している。日英同盟の復活を模索し、日独伊の同盟には反対の立場だった。のちに『回想十年』(中公文庫)で次のように述べている。

「日英同盟成立の頃のイギリスは七つの海を制覇し、その領土に日の没する時なきを謳われていた時代である。しかもわが日本は漸く世界史に登場しかかったばかりの一小国に過ぎなかった。つまり当時の大英国と日本との国力の懸隔は、到底今日のアメリカ対日本のごときものではなく、もっとへだたりの大なるものだったのである。それにも拘らず、日英同盟が成立するや、前述の如く、朝野に亘って快くこれを迎えた。

そして、やれ、これで日本はイギリスの帝国主義の手先になるとか、イギリスの植民地化するとかいうが如き、猜疑的悲観論を唱えるものは、何ら見当らず、むしろ〝東洋のイギリス〟たることを誇りとして、その間少しも劣等感がみられなかったのである」

考えてみると、第二次世界大戦の敗戦から今日に至る七〇年間、新しいアングロサクソンの国アメリカとの同盟関係で日本は生きてきた。二〇世紀に限ってアジアの国々を冷静に見渡してみても、前半の二〇年間を英国と、後半の五〇年以上をアメリカと、合計七〇年以上もアングロサクソンとの同盟で生きた国は日本以外にないことに気づかされる。現在でも「アングロサクソンとの同盟こそが日本の生きる道だ」と訴える人が出てくるのは、日英同盟の成功体験を忘れることができず、トラウマのようになっているからかもしれない。

アジア・太平洋戦争と戦後日本にとっての英国

一九四一年一二月八日の真珠湾攻撃をきっかけに日本はアメリカだけでなく、英国とも戦うことになった。香港陥落は一二月二五日、シンガポールの陥落は翌年の二月一五日のことである。当時の英国首相だったチャーチルは『第二次大戦回顧録』の中で「英国軍の歴史上最悪の惨事であり、最大の降伏」だったと記すほど、英国にとって衝撃的な出来事であった。

シンガポール要塞は難攻不落と言われ、連合軍司令官だったアーサー・パーシヴァル中将は島の中心部の要塞バトル・ボックスに立てこもって戦った。山下奉文に率いられた部隊は自転車による「銀輪部隊」を編制、マレー半島を一気に南下して攻め立てた。パーシヴァル中将とその幕僚は水や電気の供給が断たれるのを危惧し、日本軍の攻撃の前に一三万人の兵とともにあっけなく降参してしまったのである。資料を読むと英軍将校の夫人たちが「文明人の弱さ」とでもいうべきか、ライフラインを断たれる恐怖に耐えられなかった様子が見てとれる。日本兵であれば「泥水すすり、草を食んでも」徹底抗戦したかもしれないが、パーシヴァル中将たちは文明人だったがゆえに、抗戦する気力も失せたのであろう。パーシヴァル中将に山下奉文司令官が「イエスかノーか」と降伏を突きつけた旧フォード工場跡は記念館となって今も残っている。

敗軍の将となったパーシヴァル中将は日本軍の捕虜として台湾、満州に抑留された。日本の敗戦とともに解放され、マッカーサー将軍は一九四五年九月二日のミズーリ号における日本の降伏文書調印のセレモニーにパーシヴァルを招待し立ち会わせた。マッカーサーはこうしたドラマチックな演出が好きな人物である。このミズーリ号にはペリー提督が旗艦サスケハナ号に掲げていた星条旗をわざわざ博物館から取り寄せて掲げられていた。

日英同盟を解消して二〇年後、日本は英国の拠点、香港とシンガポールに襲いかかり、占領したのである。そして、大英帝国最大のアジア植民地たるインド解放を目指して、風雲児チャンドラ・ボース率いる二万人の「インド国民軍」とともに、ビルマ（現ミャンマー）、そしてインド北東部のインパールへと兵を進め、英国軍と血みどろの消耗戦を戦うのである。インパール作戦での日本軍の戦死・戦傷者は七万人にのぼった。ビルマでの戦死者も三〇万人といわれる。

こうした戦場で英国と対峙した体験を通じ、戦後の日本は対照的な二つの作品と向き合うことになる。竹山道雄の『ビルマの竪琴』（新潮文庫）と会田雄次の『アーロン収容所』（中公文庫）である。戦後生まれ世代として、高校生から大学生にかけて、この二つの作品を読んだ時に感じた「至近距離にあった戦争」への複雑な思いは忘れられない。

『ビルマの竪琴』は、ドイツ文学者で一高の教師でもあった竹山が、「屍を異国にさらし、絶海に沈めた人のために書いた」作品であり、ビルマの戦場で英国の捕虜となった日本兵の物語であり、フィクションである。竪琴で音楽を奏でる水島上等兵は、日本へ帰還する機会を棒に振り、現地に留まり、戦没者の鎮魂に生きる。彼は戦場で敗走するなかで、英国軍が敵・味方の区別なく亡骸を葬る姿をみて、英国軍のヒューマニズムに打たれる。国境を越えた人類愛に目覚めていく。

この小説は、一九四七年から四八年にかけて童話の雑誌「赤とんぼ」に連載され、一九四八年に中央公論社から単行本化されたものである。敗戦直後の日本、多くの人が周辺に戦没者を抱えていた時代の日本人の心に染み入るような話で、映画化もされた。こうした世界観で「英国のヒューマニズム」を描き始めていた日本人にとって、一九六二年に刊行された会田雄次の『アーロン収容所』は衝撃的だった。

京都大学の教授だった会田雄次は、若き日にビルマで戦い、敗戦後、英国軍の捕虜となり、ビルマの捕虜収容所で約二年間過ごした。その体験を記したのが『アーロン収容所』で、大きな話題となった。中にはこんなエピソードが披露されていた。英軍兵舎の掃除を担当させられ、女兵舎で掃除をしていると女兵士が全裸で鏡の前に立って髪をすいていた。彼女は一瞬振り向いたが、自分が日本兵であることを知ると、何事もないように振る舞ったというのである。「彼女たちからすれば、植民地人や有色人はあきらかに「人間」ではないのである。それは家畜にひとしいものだから、それに対し人間に対するような感覚を持つ必要はないのだ。どうしてもそうとしか思えない」と記している。

会田は『ヨーロッパ・ヒューマニズムの限界』（新潮社、一九六六年）において、『ビルマの竪琴』を取り上げ、その作品としての価値を評価しながらも、「異教徒、異民族を人間扱いしない」英国人の姿に鋭く切り込んでいる。『ビルマの竪琴』が世に出た頃に生まれた私は、大学生になって『アーロン収容所』を読むことになった。英国観が揺らぎ、迷い始めた。そうした中で、一九七五年、本書の第一章「英国との出会い」で書いたごとく、自ら英国に乗り込むことになったのである。

今、机の上に『ビルマの竪琴』と『アーロン収容所』を置いて思うのは、この四〇年以上、世界を動き回り、自分自身の体験を重ねてみて、この二つの作品をつなぐ視点の重要性である。どちらの作品も人間社会の真実なのだと思う。あえて「抑圧的寛容」という言葉を持ち出しておきたい。自分が圧倒的に優位だという状況で示すヒューマニズム、やさしさ、思いやり――その一方で、自分を凌駕し、否定する可能性のある存在に示す猜疑《さいぎ》心、嫉妬心、敵愾《てきがい》心。おそらく、人間の心の奥に横たわる真性といってもよいのだが、とりわけアングロサクソンといわれるこの数百年の世界史を主導してきた人たちの思考に交錯する「抑圧的寛容」、これをどう認識、評価するのかというテーマでもある。

とくに、幕末・維新期からの一五〇年間、日本は英国、アメリカというアングロサクソンの国から深い影響を受け、運命的に向き合ってきた。これらの国が発信する「デモクラシー」と「ヒューマニズム」――その価値を真剣に受け止めるとともに、冷静に視界を拓く時代に入ってきたとも思える。その素材が、英国のブレグジットとアメリカのトランプ登場なのであろう。

ところで、戦後日本にとって「民主主義の模範」とされた英国だが、戦後民主教育の意図なのか、高校の現代国語の教科書には英国のパブリック・スクールの生活を描いた池田潔の『自由と規律』などが教材として載っていた。その中に、ロンドンのハイド・パークにはスピーカーズ・コーナーという場があり、市民たちが台の上に立って、「自分はこう思うが、皆さんはどうか」と語りかけ、市民が議論を通じて問題意識を高めあっているという記述があった。

そのことを覚えていた私は、一九七五年に初めてロンドンに行ったとき、興味を惹かれて何度かスピーカーズ・コーナーに足を運んでみた。行ってみると大概は、英国人とは思えない、インド人たちが台の上に立って、誰も聞いていない状況下で、一人で奇怪な自己主張の弁舌をふるっていた。話が違うじゃないかと思ったものである。

いずれにしても、一六〇〇年、関ヶ原の戦いの年の三浦按針の来訪に始まった英国との縁は、四〇〇年の曲折を経て今日に至る。我々は、英国という国が歴史に果たした役割、日本との位相の変化を体系的に整理し、深く広く認識すべき局面にある。

かつて英国は植民地帝国主義の先頭を走り、インドのアヘンで中国との交易を成り立たせる悪魔のごとき「三角貿易」を生みだして、アヘン戦争までも引き起こし、アジアを収奪し尽くした。しかし、今なお「ユニオンジャックの矢」のごとき影響力を維持し、英国への一定の敬意を引き付けている。

歴史の蓄積を通じて、民主的統治システムが構築されていることの意味は重い。その英国がブレグジットに動いた。最後の章では、この国の未来を多角的に考察してみたい。

第七章　EU離脱後の英国の進路
――二〇一七年総選挙を終えて

二〇一六年の運命の国民投票によるEU離脱決定から九か月、国民投票に打って出た首相キャメロンは去り、新たなメイ首相の下に、二〇一七年三月末、英国はEUに正式に離脱を通告、いよいよ二年間の交渉に入った。

そして、メイ首相は離脱に向けて、選挙で信任を得た政権として交渉基盤を強化することを狙い、総選挙に打って出た。野党労働党の内紛に乗じ、一気に議会での主導権を確立するべく、強気の賭けに出た。だが、二〇一七年六月八日の総選挙の結果は、メイの思惑とは異なる保守党の敗北に終わった。保守党の議席増どころか、解散前の三三〇議席は三一八議席に後退、労働党は二二九議席から二六二議席への躍進となった。議会の過半数（三二六議席）を割り込んだ保守党は、北アイルランドの地域政党・民主統一党（DUP）の一〇議席の閣外協力を得て、なんとか政権を維持したものの、メイ首相がEUとの交渉を乗り切るための議会への求心力を失いつつあることは否定できない。

DUPとの温度差は大きい。このアイルランドの地域政党は、「EUとの可能な限りの自由貿易枠維持」「EUとアイルランドの自由往来維持」を望み、強硬離脱路線ではない。またDUPは同性愛に厳しく、北アイルランド地域の利害が優先されるなど、どこまで政策合意がなされるのか、メイ政権は複雑な要素を抱え込むことになった。英国民はメイ首相にEUと向き合う力を与えなかったわけで、「政権は維持できない」とみる論者が多いのもうなずけるのである。

当初、今回の総選挙はブレグジットを巡る「外交」における信任を確認する選挙とみられていた。ところが、実際には「格差と貧困」に苛立つ人々、つまりグローバリズムの恩恵から取り残された人々の支持を引き付けた労働党の攻勢に遭って、「内政」が焦点となり、「外交と内政は一体」という政治の本質を再確認させられる結果となった。

まず、若者が動いた。四三歳を分水嶺として若い世代ほどEUからの離脱に反対だったことについては第四章で述べたが、今回は「大学の授業料無料化、公的医療の国民保健サービス（NHS）の拡充」を公約に掲げる労働党に共鳴した。その政策の財源は「脱税の捕捉」、つまり、タックスヘイブンを使い税金逃れをする大企業や金持ちからとるべしという主張である。実現性はともかく、EU離脱後の将来不安もあり、福祉・分配政策に関心を強めた若者の投票率は上昇、一八～二四歳の投票率は「ブレグジットの国民投票の時の四三％から、今回は六六％にまで上昇」したという。しかも、その層の六二％は労働党を支持したのである。

加えて、高齢者の離反が起こった。高齢者は相対的にEU離脱を支持してきた層であったが、保守党の選挙公約「在宅介護の負担増」に反発、保守党離れをもたらした。メイ政権とすれば、世代間の分配格差に苛立つ若者に配慮し、金融資産を持つ高齢者に一定の負担増を求める当然の政策であったが、英国経済の実態が理解できず、「ゆりかごから墓場まで」の高福祉政策は可能だと信じる高齢者の反発は大きく、「分配の公正化」の合意形成の難しさを思い知ることになった。

もう一つ、今回の総選挙の結果で注目すべきは、スコットランド民族党の後退である。二〇一五年の総選挙で躍進し、五四議席を有していたスコットランド民族党は三五議席へと一九議席も減らした。スコットランドでは保守党は議席を一〇増やしたことになり、「スコットランドは独立し、EUに留まりたい」と主張していた「スコットランド独立問題」については、メイ政権にとって望ましい結果になったといえる。

さて、この結果を踏まえ、メイ政権はEUとの交渉を議会の圧力の下で向き合うことになる。そもそもメイが総選挙に打って出た真意には、「保守党の議会内基盤強化」という建前もあるが、もともと「離脱反対派」だったメイ首相としては、保守党内の強硬離脱派の圧力を薄めるために、保守党の議席増を狙ったという面もあり、その思惑が空振りに終わった今、今後の展開は一段と不透明になったといえる。

EUとの離脱交渉も、EU側の「ヤメ得、食い逃げを許さず」という基本線で厳しいものになることは間違いなく、メイ政権も「単一市場へのアクセスを断念し、関税同盟からも撤退する」という強硬離脱の原則で対峙することになろう。妥協を見せれば、保守党内、そして議会の合意を得られず、離脱交渉が長引く可能性も高まる。混迷は英ポンドの下落を招き、英国民も「バラ色の離脱」への熱狂から醒め、離脱後の英国への現実的ハードルの高さに気付くことになろう。それがソフト離脱への修正となるのか、離脱そのものの見直しとなるのか、現時点ではわからない。だが、交渉期限とされる二年間を見つめ、二〇一九年の春までには、英国は再び「総選挙」によって国民の意思を確認せざるをえなくなるであろう。

前門の虎たるEU、後門の狼たる英議会に挟撃される形でEUとの交渉は難航し、二年間では合意形成できずに延長、妥協点を探る長期戦となる可能性もある。「ハング・パーラメント（宙づり議会）」といわれる不安定な議会と向き合い、「氷の女」といわれるメイ首相が歴史的役割をしたたかに担い続けているかは分からない。

六月二二日から二三日、英仏の総選挙後を踏まえて、初のEU首脳会議が行われた。登場したメイ首相は、六月一九日に始まったEUとの離脱交渉に向けて、現在、英国に在住する三二〇万人のEU市民に関し、「五年以上在住している人は離脱後も英国民と同じ『教育』『年金』『医療』を受けられる」という方針に言及した。逆に、EU側にも一二〇万人の英国人が在住しているといわれるが、英国の離脱となると、出入国管理まで含め詳細なルールの見直しが必要となり、気の遠くなるような交渉が続くことになる。EU側は、フランスにマクロン大統領が登場、議会にも基盤を構築し、ドイツとともにEUという体制を重視して結束を固める形が見えてきた。求心力を失いつつあるメイ首相が、どうやって英国を束ねてEUと向き合うのか、まさに正念場に差し掛かっているということだ。

英国はどこに向かうのか。苦渋のプロセスが予想される英国の今後について、欧州大陸から隔絶した一定規模の産業国家（大型のスイスかシンガポールのような国）に収斂《しゅうれん》していくのか、あるいは、欧州の呪縛から解放された規制のない戦闘力ある金融・エンジニアリング国家として、グローバル経済の波に乗り、再び飛躍するのか、すべてはこの数年にかかっている。そして、ここでの英国の選択は、世界の進路にとっても重要な転換点となるであろう。

その英国の将来にとって極めて重い要素となることを視界に入れておきたい。それはアメリカとの「特別な関係」、そして中国との「特殊な関係」という二つの要素であり、それを踏まえた「ユニオンジャックの矢」とのこれからの関係である。

アメリカとの「特別な関係」の行方

さて、英国とアメリカとの「特別な関係」（チャーチル）であるが、歴史的には複雑である。まずは「対立と緊張」から始まった。一七七五年から八三年にかけて、アメリカ東部の一三植民地が英国本国と戦い、アメリカの独立を勝ち取った（アメリカ独立戦争）ものの、一八一二年から一四年にかけては第二次独立戦争ともいわれる米英戦争が起きた。この時、ホワイトハウスが英海軍によって焼かれ、黒焦げになるという事態も起こった。それ以後も、一九世紀の英国とアメリカの関係は緊張をはらむものであったが、二〇世紀に入り、少しずつ信頼関係を培うことで、「アングロサクソン同盟」とも呼べるような強固な関係を構築してきたという経緯がある。

二〇世紀の歴史を思い起こすと、英国首相とアメリカ大統領のコンビが世界をリードする局面が何度かあった。筆頭に挙げられるのは、第二次世界大戦時のウィンストン・チャーチル首相とフランクリン・ルーズベルト大統領だろう。両者はある一定の緊張感をはらみつつも、力を合わせて第二次世界大戦の難局に立ち向かい、連合国側に勝利を導いた。

一九三九年九月一日、ナチスドイツがポーランドに侵攻開始、第二次世界大戦が始まった。英仏両国は時を置かず、ドイツに対して宣戦を布告したが、九月五日、アメリカは欧州戦争に中立を宣言した。九月二七日にはワルシャワ陥落、翌年一九四〇年四月にはノルウェーとデンマークに侵攻開始、ヒットラーの野望はエスカレートしていった。

チャーチルが首相に就任したのは一九四〇年五月一〇日であった。ヒトラーが西部戦線の攻撃開始を指示したのが五月一日、チェンバレンの後を受けた、保守党、労働党、自由党の挙国一致内閣であった。英国が直面している状況は悲惨であった。五月一五日にはオランダが降伏、五月二八日にはベルギーも降伏、五月二六日から徐々に撤退を開始してはいたが、全軍命令を発した五月二八日からの八日間がダンケルクの大撤退であった。大陸に展開していた二二・八万人の英国軍と一一・二万人の仏・ベルギー軍がナチス・ドイツに追い詰められ、兵器弾薬さえ捨てて、八五〇隻の漁船、内航船、石炭船、ヨットをかき集めて命からがら英国に逃れたのである。六月一四日にはパリが陥落し、フランスは降伏する。七月一〇日には英国への爆撃が始まり、「あしか作戦」といわれるナチス・ドイツの英国上陸作戦さえ切迫していた。チャーチル就任後の一〇〇日は想像を絶するほどの苦渋に満ちたものであった。その中でチャーチルは「我々は決して降伏しない」と英国民を鼓舞し続けた。

この頃のチャーチルの心理、強く心を支えたものは何だったのか。ジョン・キーガンの『チャーチル――不屈の指導者の肖像』（岩波書店、二〇一五年、原書二〇〇二年）によれば、彼は「父の教え」としての「国民を信じること」だったと語っている。「国民を信じること」、実はこれこそがデモクラシーの原点である。ナチスの専制を跳ね返す力の源泉を「国民を信じる」という民主主義に求めたのである。歴史家でもあるチャーチルが「民主主義」を思う時、英国が一七世紀の「ピューリタン革命」と「名誉革命」という葛藤の中から、立憲君主制という民主主義を根付かせた蓄積が蘇《よみがえ》ったことは想像に難くない。そうした思いがルーズベルトを引き寄せ、アメリカの支援・参戦をテコに反転攻勢に向かう基点となったのである。

アメリカには一九三五年に制定された「中立法」があり、「欧州の紛争に巻き込まれたくない」という国民世論も強く、当初、第二次世界大戦には参戦しなかった。しかし、チャーチルからの要請もあり、ルーズベルト大統領は次第に方向を転換し、「アメリカが民主主義国の兵器廠になる」との意思で、一九四一年三月に「武器貸与法」を成立させた。それでも、直接的な参戦には慎重であり、武器援助、後方支援に徹していた。

そのアメリカが欧州戦線に参戦する転機となったのは、皮肉にも日本の真珠湾攻撃であった。アメリカの政治家で共和党の重鎮だったハミルトン・フィッシュが『ルーズベルトの開戦責任』（二〇一四年、草思社、原書一九七六年）で「ＦＤＲ（ルーズベルト）は議会を欺いて、日本を利用して対ドイツ戦争を始めた」と述べるごとく、「欧州参戦の流れをつくるために、日本の先制攻撃を誘発したルーズベルトの陰謀説」が根強く存在する理由でもある。一九四一年一二月七日（現地）の真珠湾攻撃を受けて一二月八日に米英は対日宣戦布告、一二月一〇日にはマレー沖海戦で、英戦艦プリンス・オブ・ウェールズが撃沈され、グアム島は占領される。そして、一二月一一日、ついにアメリカはドイツ・イタリアに宣戦布告、欧州戦線に直接参戦した。チャーチルの英国を救ったのは、アメリカを引き出した日本であった。

この辺り、日本人の歴史観と微妙なズレが生じる。日本人は「アジアの植民地解放のための戦争」と思いたがる傾向を残すが、欧米の識者の目線からは「ナチスと手を組んだ専制軍事国家」なのである。一九三六年一一月に日独防共協定、一九四〇年九月二七日には日独伊三国軍事同盟とナチス・ドイツというように、同盟関係を結ぶ。「力こそ正義」とする日本人の意識には存在しないことだが、「ユダヤ人六〇〇万人を虐殺したナチスと結託した反民主主義陣営に与《くみ》した国」という汚名を引きずることになる同盟であった。

一九四一年八月、カナダ東海岸にあるニューファンドランド島でチャーチル首相とルーズベルト大統領が直接話し合い、沖合に浮かぶ戦艦の上で「大西洋憲章」に調印する。戦後の世界の方向を決定づけた国際連合憲章の原型と言われるものである。同年一二月七日には日本軍による真珠湾攻撃によって太平洋戦争が始まったが、その直後の一二月二二日から年を越して三週間、チャーチルはワシントンに滞在する。アメリカを参戦させることに成功し、光明を見出したチャーチルは英米連携を深め、欧州開戦時の一九三九年にはワシントンの英国大使館はわずか二〇名の布陣だったが、一九四五年の段階では九〇〇〇人に膨れ上がっていた。チャーチルとルーズベルトの関係は深まり、生涯で二〇〇〇通を超す手紙に加え、日常化する電話での意思疎通があったという。

戦争の終結が見え始めた一九四五年二月には、クリミア半島のヤルタでアメリカ、英国、ソ連の首脳によるヤルタ会議が開かれ、戦後体制が決定づけられることになる。しかし、ルーズベルト大統領は四月に病死。チャーチルはドイツ降伏を受けて七月に行われた解散総選挙で労働党に敗れて下野する。チャーチルは保守党党首の座に留まり続け、六年後には首相に返り咲く。第二次世界大戦とその後の世界の枠組みを考えるとき、チャーチルとルーズベルトの果たした役割はきわめて大きいと言わざるを得ない。

大変興味深いのは、チャーチルが一九五六年から五八年にかけて『英語諸国民の歴史（A History of the English-Speaking Peoples)』という四巻にわたる大著を刊行していることである。古代ローマのカエサルによるブリタニア侵攻から二〇世紀の第一次世界大戦の前までをカバーしたもので、書名が示すように、英国と英連邦の国々、そしてアメリカとの関係や民主主義の発展についての記述に力点が置かれている。歴史書としては専門家からの批判もあったが、チャーチルは常日頃から英米関係を「特別な関係（special relationship）」と呼んでいたように、そうした見方がこの著書にも反映されており、英国、アメリカの両国でベストセラーとなった。

次に、英米の「特別な関係」を際立たせたのがレーガンとサッチャーの関係であった。M・サッチャーが英国史上初の女性首相として就任したのは一九七九年で、以来一九九〇年まで一一年間、英国を率いた。そして、R・レーガンが第四〇代アメリカ大統領に就任したのは一九八一年で、レーガン政権はサッチャー政権と並走した八年間であった。つまり、レーガンの背後にはサッチャーが存在したのである。

ニコラス・ワプショットの『レーガンとサッチャー――新自由主義のリーダーシップ』（二〇一四年、新潮選書、原書二〇〇七年）を読むと、「政治上の結婚」という言葉が使われるほど二人の首脳の関係は堅固で親密なものだったことがわかる。鉄の女サッチャーの強靭さ、レーガンの柔らかさとユーモアは格好の組み合わせであった。うるさ型の妻の攻勢を聞き流す夫という空気の漂う絶妙の関係だった。フォークランド紛争で、仲介に動こうとするレーガンを断固拒絶するサッチャー、英連邦の一員であるグレナダへのアメリカの侵攻に激怒するサッチャーと必ずしも良好な関係ばかりではなかったが、「小さな政府」を目指す「新自由主義の徹底」という政策思想を共有し、冷戦の終結に向けて英米が結束する流れを二人の首脳が創りだしたことは間違いない。

英国とアメリカの「特別な関係」については、『イギリスとアメリカ――世界秩序を築いた四百年』（細谷雄一・君塚直隆・永野隆行編　勁草書房、二〇一六年）が整理された文献であり、認識を深めるのに示唆的である。

改めて考えてみると、二〇世紀はアメリカの世紀であった。ヴィクトリア女王の死（一九〇一年）とともに「パクス・ブリタニカ」といわれた英国の栄光の時代は過ぎ去り、第一次世界大戦を経て、世界の覇権はアメリカへと移っていく。背景には産業力の変化がある。二〇世紀は石油と自動車と石油化学の時代であり、石油は一八五九年にアメリカのペンシルベニア州の油田で初めて大規模生産が可能になり、それまで東海岸の夜を灯していた鯨油は、捕鯨産業と共に消えた。一九〇八年にはガソリンで動く大量生産車としてT型フォードが開発され、道路網の整備による流通や産業、さらには市民一人ひとりのライフスタイルまでも変え、モータリゼーションの時代を招来した。さらに、石油化学の発展によって合成繊維が発明され、一九三九年から四〇年にかけて開催されたニューヨーク万国博覧会ではナイロンのストッキングが出展され、女性たちに驚きをもって迎えられた。アメリカが世界をリードする立場にあることがはっきりと見えてきたのである。

この二〇世紀のプロセスにおいて、英国は静かに後退を続けた。とくに第二次世界大戦後、かつての植民地が次々と独立しただけでなく、一九六八年には英国軍がスエズ以東から撤兵し、中東、アジアでのプレゼンスも失った。代わってアメリカが覇権を確立し、イランをペルシャ湾岸一帯の警察官にしようとしたものの、一九七九年のイスラム革命でパーレビ王朝が倒れ、アメリカの中東政策が混迷し始めたのはすでに触れた通りである。

英国はヘゲモニーをアメリカに譲りつつも、なんとか存在感を維持してきた。「アングロサクソン同盟」という枠組みが機能して、特別な同盟を構築しながら、二〇世紀を通して、二つの大戦を勝ち抜いて戦勝国となり、民主主義、自由という価値観で世界をリードしてきたのである。

その象徴として、チャーチルとルーズベルトが第二次世界大戦後の世界秩序をリードし、サッチャーとレーガンが冷戦の終焉後の世界としての「新自由主義の時代」をリードしたといえる。今、二〇一六年に起こったブレグジットとトランプの大統領就任は、その深層底流にあるものが「時代のパラダイム」の転換を迫るものであり、この時代における英米関係がどうなるのか、注目されるところである。

現時点では、メイが次の総選挙まで英国を率いていられるかは不明だが、トランプと英国を率いる首相の関係が次の世界のパラダイムにとって重要なことはいうまでもない。そのことは後で考察してみたい。

アングロサクソン同盟の象徴――謎のエシュロン、そして注目のGPS戦略

こうした「アングロサクソン同盟」の強固さを示す最も象徴的な存在が「エシュロン（ECHELON）」であろう。恐ろしい話だが、「UKUSA世界監視ネットワーク」と呼ばれる衛星通信を主たる対象とした通信傍受・解析網を示すコードネームで、実体的にはアメリカの国防総省の下部機関NSA（国家安全保障局）によって運営されているシステムである。世界中の軍事無線から固定電話、携帯電話はもちろん、電子メール、データ通信などまで、あらゆる電波を傍受し、軍事安全保障に関わる情報を盗聴までしてモニタリングしているのである。

システム開発が始まったのは第二次世界大戦後の一九四七年で、UKUSAとは英米同盟

(United Kingdom & United States of America) のことだが、アメリカ、英国だけでなく、カナダ、オーストラリア、ニュージーランドの五か国によって共同で運用されるようになった。運用の中心主体はアメリカだが、「アングロサクソン盗聴同盟」といわれるように、アングロサクソン諸国で情報を共有する形になっている。冷戦期にはソ連を中心にした東側の情報をモニタリングし、日本の米軍三沢基地などもその一翼を担う形で配置されてきた。こうしたところでも、英連邦のネットワークは生きているのである。

エシュロンの存在が少しずつ一般に知られるようになったのは、二〇〇一年九月一一日にアメリカで起きた同時多発テロのときである。テロが起こる前にアメリカ情報当局は、エシュロンによる傍受でその兆候をつかんでいたとされる。事件後にはアルカイダに関係するテロリストの秘密口座を凍結したが、口座の割り出し等にもエシュロンで得た情報が役立てられたといわれている。

エシュロンが傍受しているのがテロに関する軍事や安全保障の情報だけでなく、民間の産業活動にまで及んでいることは以前から指摘されている。ＥＵ諸国では、英国にあるエシュロンの傍受機関によって産業情報までがアメリカにもたらされているのではないか、という懸念の声がすでに二〇年前からあがっていた。

二〇一三年にはＮＳＡの職員だったエドワード・スノーデンが暴露し、世界に衝撃を与えたのは、携帯電話での通話からインターネットでの通信まで、全世界の通信内容がＮＳＡと英国政府通信本部（ＧＣＨＱ）によって傍受されているという事実だった。軍事安全保障の分野では、強固な英米同盟が今なお維持されていることをうかがわせる事実である。

ＥＵ諸国から見ると、英国の立場に対する懸念や不信感も根強くあるものの、一方ではアメリカとのつなぎ役としての役割に期待感もある。イラク戦争のときが典型だったが、最終的にアメリカとともに参戦した英国は、開戦に反対する欧州からはアメリカをつなぎとめることを期待された。逆にアメリカにとっては欧州を説得し、意思を取りついでくれる存在が英国だったといえる。英国はアメリカとの関係においても、自らが持つネットワーク力を最大限有効に利用しているのである。

もう一つ、情報技術を巡り、ブレグジット後の英国が直面する課題が、衛星測位システム「ガリレオ」についての対応である。英国もＥＵ管下の欧州宇宙機関（ＥＳＡ）が管理する全地球航法衛星システム「ガリレオ」のメンバーであるが、ＥＵ離脱後も「ガリレオ」へのアクセスを維持するためには、ＥＵとの間に新たに保安・利用条件についての協定を結ばねばならない。英国の企業がＥＳＡ関連プロジェクトに参入するハードルが高くなることは間違いなく、契約解除になるケースも起こると思われる。二〇一一年に一号機を打ち上げて以来、現在、ガリレオは一八機の衛星を運用軌道に投入しており、二〇二〇年には二四機の衛星と予備機による運用が完成するという。

GPSについてはアメリカが先行し、現在三一機を運用しており、日本を含めて多くの国はこのシステムに依存してカーナビをはじめ、位置測定を行っている。ロシアのGLONASS、中国のBEIDOU、インドのNAVICに加え、日本も「みちびき」という独自の測位衛星の打ち上げを進めており、国土計画、交通制御、安全保障に関わる重要システムとして競合が始まっている。

英国はどうするのか。ガリレオに残れるのか。どれか他のシステムに参加することになるのか。おそらく、自国だけで打ち上げ、維持するという選択肢はないであろう。この話だけでも、EU離脱のリスクとコストは重いのである。ただし、英国の知恵と戦略として、「ユニオンジャックの矢」という視界で、UAE、インド、シンガポール、オーストラリアと連携して英連邦GPSを機能させるという選択肢もあるし、「一帯一路」を掲げる中国と連携して、AIIB事業の一環としてGPS事業を仕掛けるという選択肢もある。英国がどこまで構想力を残しているのかの試金石として注目したい。もちろん、日本が日本の「みちびき」システムに招き込むというシナリオもありうる。

中国との「特殊な関係」——香港返還二〇年の年に

アジア太平洋戦争が終わり、中国で繰りひろげられた内戦を終結させる形で、毛沢東率いる中華人民共和国が成立したのは、一九四九年の一〇月一日であった。驚くべきことに、そのわずか三か月後、一九五〇年一月六日に英国はその共産中国を承認しているのである。「特別な関係」の同盟国アメリカが共産中国との国交樹立に動くのは二一年後の一九七一年七月、キッシンジャーの秘密訪中を受けたニクソンの訪中計画発表と、同年一〇月の国連総会での中国招請・台湾追放決議を待たねばならなかった。

香港問題を抱えていたという事情もあるが、あっけにとられるような英国の豹変であった。冷戦の時代、朝鮮動乱が迫る状況下で、欧州統合問題でソ連を中核とする東側に対抗する欧州の結束をあれほど主張していた英国の共産中国承認という「現実主義的外交」は、蔣介石の台湾政権に引かれて本土の「中共」政権の存在を否定していたアメリカや日本にとっては衝撃であった。

アヘン戦争、そして香港領有以来、英国と中国は宿縁ともいえる関係を積み上げてきた。清国、孫文の辛亥革命、そして抗日戦争、共産革命と中国と並走しながら、中国および在外華僑との人的ネットワークを形成してきた。その脈絡の中で、現在の英中関係、とくに前キャメロン政権の対中接近を理解すべきであろう。二〇一五年一〇月、習近平国家主席の英国公式訪問時の「英中蜜月」を演出する英国の対応は異様なほどであった。

キャメロン政権の対中国政策の立役者は、キャメロンの右腕といわれたオズボーン財務相であった。親子三代にわたり中国との縁を有し、母は中国で過ごした経験があり、自身も大学で中国語を学び、中国・香港・シンガポールを動いてきた親中国派である。在任中に、人民元のオフショア市場としてシティを開放したのもオズボーンであり、二〇一五年三月に中国主導のアジア・インフラ投資銀行（ＡＩＩＢ）への参画を決めた推進役もオズボーンであった。この英国の踏み込みが、欧州各国のＡＩＩＢ加盟を促し、ＡＩＩＢを軌道に乗せる力になったことは事実である。現在、英連邦五二か国中、すでに一四か国がＡＩＩＢに参加しているが、英国のネットワーク型の影響力とはこういうものなのである。

このオズボーンだが、ＥＵ離脱を決めた国民投票後のキャメロン政権の崩壊とともに下野、現在はイブニング・スタンダード紙の編集長を務め、米系投資会社ブラック・ロックの上級顧問などをしている。メイ首相の天敵ともいえる存在で、メイ首相批判を繰り返しており、とくに二〇一七年総選挙の保守党敗北を受け「メイ首相は死に体だ」と指導力に疑問を投げかけている。

この対立が微妙に投影されているのがメイ首相の対中国政策であり、前キャメロン政権の行き過ぎた中国接近を見直す動きもある。とくに注目されるのが原子力分野での協力である。二〇一三年、サマセット州のヒンクリーポイントC原子力発電所建設計画が発表された。一九九五年以来の原子力発電の新設計画であり、驚いたことに中国広核集団（CGN）が三三・五％出資する形でのフランス電力（EDF）との合弁で、英国最大の電力事業（一八〇億ポンド）を中国とフランスとの連携で進めるというのである。CFD制度（差額決済契約制度）を導入し、事業者に基準価格での収入を保証するというもので、国家の根幹に関わる原子力事業に中国を招き入れる決断には当惑した。

メイ政権になって、CGNがアメリカの原子力炉技術に関する機密情報を違法に持ち出していた事案を米大陪審が起訴するという事態（二〇一六年四月）を受けて、ヒンクリーポイント計画の見直しという事態が生じた。結果的には、メイ政権も計画を最終承認したが、「英国がCGNやEDFによる権益売却を阻止できる権利を確保する条件」を付け、キャメロン政権との温度差を見せたが、英国内にヒンクリーポイントだけでなく三か所の原発をCGN・EDF連携（中仏連携）で進めることになっている。ブレグジットを踏まえ計画通りに進むのかまだ不透明であるが、中国との関係がどうなるのかが英国の将来にとっての鍵となることは間違いない。

原子力に関して、英国のしたたかさと恐ろしさを思い知らされたのが日本であった。東芝が今回の経営危機の原因となったウェスチングハウス（WH）の買収（二〇〇六年）において、相場の倍以上の五四億ドル（六四〇〇億円）を支払うことになった背後には英国の思惑があった。

この時、WHは一九九九年以来、英国核燃料会社（BNFL）の傘下にあり、東芝はこの会社による入札に参加して、一度は二七〇〇億円で落札していた。この間の事情は、「エコノミスト」誌（二〇一七年六月二〇日号）が詳細に特集を組んで報じているが、英国の公文書（英監査局NAO、二〇〇七年）が示す驚くべき事実として、WHが新型原子炉を中国に建設する交渉を進めていることを強調し、原子力市場の有望性（「原子力ルネサンス」）を理由に当初の想定よりも二〇億ドル以上高く売却したというのである。東芝が英国による情報戦に敗れ、追い詰められていく現実はまさに「００７の世界」である。

ところで、二〇一七年一月一日の午前零時に中国浙江省を出発した国際貨物列車が、ユーラシア大陸を横断し、一月一八日に英仏海峡を越えて、ロンドンに到着、賑やかな祝賀セレモニーが行われた。日本には報道されない種類の情報である。中国はロンドンだけでなく、欧州一五の都市に国際貨物列車を常態として運行し始めている。「一帯一路」のシンボルプロジェクトであり、欧州との関係強化は中国の優先戦略である。ひたひたと中国が動いている。

「氷の女」メイ首相は難局を乗り切れるか――運命の「トランプとメイの関係」

二〇一七年六月の総選挙に敗北し、過半数割れの保守党を率いて北アイルランドの地域政党（民主統一党）の閣外協力で政権を維持したメイ首相だが、この難局を彼女は乗り切れるであろうか。とくに、トランプ率いるアメリカとの「特別な関係」を踏み固めながら、ＥＵとどこまで厳しく対峙することができるであろうか。運命の「トランプとメイの関係」を再考しておきたい。

アメリカの政治、とくに第二次世界大戦後のアメリカの政治には、ある種のバイオリズムがあり、それが微妙に英国の政治とシンクロナイズしてきたことは興味深い。一九七五年、サイゴン陥落でベトナム戦争を終え、アメリカは深い挫折感を味わうことになった。そこにジョージア州のピーナッツ畑からニコニコ顔で登場してきたのがジミー・カーターだった。一九七七年、「癒しのカーター」をアメリカは第三九代大統領に選んだ。リベラルで温和、いつも笑顔を絶やさないカーターは、「ベトナムシンドローム」という言葉が流行するほど傷ついていたアメリカ人の心を癒す役割を担った。時代が人を呼んだのである。

ところが、一九七九年にイランでイスラム原理主義革命が起こり、在イラン・アメリカ大使館が占拠される事態となった。アメリカの威信をかけた人質救出作戦も失敗に終わり、カーターの人気も衰え、世界の指導者たるアメリカ大統領としては軟弱で力量不足だという評価に変わっていった。

そこで登場したのがロナルド・レーガンである。在任期間の一九八一年から八九年を通して、「強いアメリカ」を掲げ、外交では東側に対して強硬な姿勢を見せた。軍事支出を拡大する一方で、減税と規制緩和を推し進める新自由主義の「レーガノミクス」を標榜した。

先述のごとく、このレーガンと並走したのが英国のマーガレット・サッチャー首相であった。「英国病」とさえ言われた長い経済停滞の中で登場し、一九七九年には英国初の女性首相になり、保守的で強硬な外交政策と新自由主義の経済政策を掲げて金融改革を推し進めて「鉄の女」と呼ばれた。まさに、レーガンとサッチャーはコインの裏表であった。レーガンはハリウッドの俳優出身で政治的知見を不安視する声もあったが、肝心な局面ではサッチャーが後ろ盾となり、レーガンを支えたのである。まさに「特別な関係」であった。

アメリカ大統領はレーガンのあと、ジョージ・ブッシュ（在任期間一九八九〜九三年）、ビル・クリントン（同一九九三〜二〇〇一年）と続いていく。次に第四三代大統領となったジョージ・W・ブッシュは、就任一年目に起きた九・一一の同時多発テロ事件に対して「テロとの戦い」を宣言し、アフガニスタンに侵攻し、さらにはイラク戦争へと突き進み、サダム・フセイン大統領を死に追いやった。アフガニスタン侵攻はアメリカを中心に英国、フランス、カナダ、ドイツなど、イラク戦争はアメリカを中心に英国、オーストラリア、ポーランドなどの有志連合によって行われた。のちに明らかになったのは、イラク戦争開始の大義名分だった「大量破壊兵器を保有」という情報が誤っていたことである。正当な根拠のない戦争に深入りし、多くの若い兵士の命を失ったことで、アメリカ社会は大きく傷つくことになった。「ブッシュの戦争」に引き込まれ、正当性のない戦争に加担した英国のT・ブレアの労働党政権は厳しい検証にさらされて国民の不信を招き、結局、政権を保守党に奪われることに至る。

二〇〇八年の米大統領選におけるバラク・オバマの当選は、泥沼化するイラクからの米軍撤退を掲げたことと、リーマンショック（二〇〇八年九月）を受けた「強欲なウォールストリートを縛る」と訴えたことが米国民の心に響いたものであった。かつてアフリカのケニアからやってきた留学生がアメリカ人女性との間に残した子供が成長し、大統領として登場してくるようなポテンシャルこそ「アメリカの偉大さ」なのだと、オバマ就任の時、米国民のみならず世界中の人々は心を揺さぶられたのである。

オバマ大統領はそれなりに公約は守ったとも言える。イラクからの撤退を行い、二〇一〇年には金融規制改革法（ドッド＝フランク法）を成立させてマネーゲームに陥ったウォール街に一定の規制をかけようとした。また、「核なき世界」や「グリーンニューディール」（再生可能エネルギー重視）を掲げるなど、理想主義的なビジョンを打ち出した。しかし、イラク戦争と金融危機の後遺症は覆い隠しようがなく、新興国の台頭もあって世界はこれまで以上に多極化し、「一極支配」とまで言われたアメリカの優位性は一段と後退していると捉えられるようになってきた。イスラム国の登場やシリアの混乱などで、アメリカは中東での制御力を失い、次第にプーチンのロシアが蘇り、自己の勢力拡大を図り始めた。中国は経済の成長とともに軍事力を増大させ、アメリカに正面から対峙することも予想されるほどになった。オバマ大統領には、かつてのカーター大統領のイメージ、「きれいごとの虚弱な指導者」というイメージがつきまとうようになっていった。

アメリカ人の多くは「後退するアメリカの現実」を受け止めつつも、心のどこかで悲しみと苛立ちを覚えていた。特にグローバリズムの恩恵から取り残された白人の貧困層からすると、衰えゆく自分の姿が鏡に映っているのに、「核なき世界」など綺麗事の理想を語るオバマに「いい加減にしてほしい」という拒否反応が芽生えてきた。そこにトランプが登場し、「アメリカ・ファースト（自国利害中心主義）で偉大なアメリカを復活させる」という単純なメッセージを打ち込み始めた。

危うい「ディール（取引）」であり、全米の総得票では民主党のヒラリー・クリントンのほうが二七〇万票も多かったのだが、虚弱な支持基盤でスタートを切ったトランプ政権にとって、ブレグジット後の英国はいかなる意味を持つであろうか。「アメリカ・ファーストのトランプにとって、英国に関わる余裕はない」という見方もあるし、「大陸の欧州への影響力を失いつつある英国では役割への期待はない」という見方もできよう。だが、それでも英国は「ユニオンジャックの矢」への影響力を潜在させ、それがアメリカのグローバル戦略にとって不可欠の要素といえると思う。その意味で、両国を率いるトランプとメイともに、政権を維持できるかどうかは誠に不安であるが、この二人のリーダーの関係は重要である。

トランプ大統領就任後、最初に首脳会談を行ったのが英国のメイ首相だった。やはり、アングロサクソン同盟の「特別な関係」が優先されたのかもしれない。二〇一七年一月二七日、ワシントンで開催された会談は、その後に行われた日本の安倍首相との会談（二月一〇日）、イスラエルのネタニヤフ首相との会談（二月一五日）の雰囲気とは明らかに異なるものだった。トランプ大統領は七〇歳、メイ首相は六〇歳である。一〇歳も年の離れた兄のような男性に対して、メイ首相は「氷の女」と言われるのも腑に落ちるほど落ち着き払い、異次元の自己中心主義者とされるトランプ大統領のほうがメイ首相に対して気を遣い、萎縮しているようにも見えた。まさに「賢妹愚兄」という雰囲気だったという。

トランプ政権がスタートして四か月、イタリアでのサミット参加に向けてトランプ大統領は最初の外遊に動いた。サウジアラビア、イスラエルと中東を訪問し、イタリアに入ったのだが、最初の外遊先に英国を選ばなかった。英国ではトランプ訪問に反対するデモ等があり、総選挙に向かうメイ政権もトランプ受け入れに慎重になったという事情がある。トランプとメイの時代における米英関係がこれまでの「特別な関係」とは異なる様相を内包しているといえる。

総選挙での誤算と敗北を機に、メイ首相の評価は急落している。「鉄の女サッチャー」に比べ、「氷の女」にふさわしく、人間味に欠け、友人が少ないといわれる。メイの命運については、彼女自身が立ち向かって打開していかねばということだが、苦闘する英国を率いる首相として私はメイの賢さに注目すべきだと考える。

メイ首相が賢い指導者であると思わせる点がいくつかある。まずはＥＵに離脱を通告する前にＥＵ離脱の英国側の方針として三つの大きな柱を明確にしたことである。一つは「移民規制」である。英国の国民がＥＵ離脱に心を動かされた理由の一つは、ＥＵ二八か国が決めた押しつけの「移民受け入れルール」に受動的に従うのでなく、英国は自分たちの運命を決めていきたいという思いである。「人、モノ、サービス、資本」の自由な行き来を原則とするＥＵの「単一市場」への参加よりも移民規制を優先したい、という国民の意見を尊重することを明確にし、ＥＵ司法裁判所からも脱退することにしたのである。

二つ目はＥＵ市場へのアクセスである。英国はＥＵの単一市場にアクセスする権利にこだわるだろうと思われていたが、きっぱりとハードランディング（強硬離脱）と言われる路線を取ることにした。条件闘争でごねて「いいとこ取り」を目指す中途半端な離脱をするのではなく、通商についてはゼロベースでＥＵとの交渉に乗り出し、国別の自由貿易協定（ＦＴＡ）も含めて原点から交渉し直すというのである。「ＥＵの部分的な加盟でもないし、準加盟でもない」として、ＥＵとの新しい対等なパートナーシップを呼びかけた。

三つ目は、ＥＵ離脱について、進んで議会の承認を受けるとしたことである。国民投票によって決めたブレグジットである。改めて議会の承認を得る必要などなく、従来から政府が持つとされる「国王大権」を行使して進めればよいというのが政府の立場だった。これに対して、ロンドン高等法院は一一月、「国王大権」には議会が制定した国内法を覆し、国内法で認められた国民の権利を変更する権限はないとの判断を下した。

これは「直接民主主義と間接民主主義とのせめぎ合い」でもある。ブレグジットを巡る国民投票は、国民の意思を直接確認する直接民主主義である。それに対して、国民の代理者として代議士を議会に送り、法案をつくって国民の意思を反映させるやり方が間接民主主義である。現在、世界各国で直接民主主義と間接民主主義の緊張関係が高まっている。英国では、EU離脱を巡って、それが先鋭的に現れてきたのである。一審のロンドン高等法院の判決は、直接民主主義の国民投票によって決められたことであっても、間接民主主義の議会によって決められた法律を覆すことはできないというものであった。

二審の最高裁判所でも争われたが、二〇一七年一月二四日に出された最高裁判所の判断も一審を支持するものだった。メイ首相はこの判決が出る約一週間前に演説でEU離脱の基本方針を発表し、その中で議会の役割を重視して議会の承認を得る方向を打ち出したのである。

さらに、もう一点メイ首相に関して注目すべきは、首相就任演説からその後の発言まで、一貫して「資本主義改革」という点にこだわっていることである。今回の国民投票の背後には、グローバル経済の恩恵から取り残された国民が存在し、彼らの苛立ちが反映された結果であることを直視しようと言うのである。公正な分配を行い、格差と貧困によって資本主義を腐らせてはいけないと盛んに発言している。労働党の政治家の発言ならともかく、保守党党首が資本主義改革や格差と貧困の解消などと言い出しているのには驚かされる。英国内では「メイはまるで労働党の党首のようだ」という声まで聞こえるほどである。メイ首相はブレグジットの背後に資本主義の構造的課題としての分配の問題があることを認識しているのである。総選挙に当たり、世代間の分配の公正化を目指し、高齢者の介護についての自己負担を重くする政策を公約に掲げた理由もここにある。そのことが高齢者の離反を招いたことはすでに述べたが、メイ首相の意図はわかる。

メイ首相自身はEUからの離脱に反対していた立場であり、自国利害中心の孤立主義者でも保護主義者でもない。メイ首相が重視しているのは国際主義であり、「開かれた英国」である。EUの二八か国との合意形成の煩わしさとEUの縛りから解き放たれ、身軽になって、世界の自由化の潮流に向き合おうという基本スタンスをとると思われる。アメリカや日本との自由貿易協定をEUに先駆けて実現し、同時にEUとの自由貿易協定を推し進めることになるかもしれない。ここがアメリカファーストで孤立主義、保護主義に向かいがちなトランプ大統領との大きな違いである。

トランプ大統領とメイ首相の会談では、他人の話には聞く耳を持たないトランプが借りてきた猫のようにおとなしく、筋道の通った話をする妹の意見を聞いているという雰囲気がにじみ出ていた。二〇一七年五月二六日から二日間にわたってイタリアのシチリア島タオルミーナで開催されたG7サミットでも、初参加のメイ首相は臆することがなかった。EUの指導者たちからすると、ブレグジットというやっかいな問題を持ち込んだ英国に不満を抱えつつも、メイ首相が大衆迎合的な無責任な政治家ではないことを理解しており、一定の敬意を得ているように受け止められた。むしろ、トランプ大統領の自国利害中心主義に疑問を投げかける側に立ち、ドイツのメルケル首相とともにあるべき世界秩序を論ずる主役であることを感じさせた。

今後、英国がEU離脱の交渉を進めるに当たっては、ドイツのメルケル首相と二〇一七年六月の総選挙で議会の基盤を構築したフランスのマクロン大統領の役割が重要になるだろう。議会での基盤が弱いメイ首相が、結束を固めるEUとどう向き合うのか、世界は息を呑むように見つめることになる。

運命的な十字架を背負って登場してきたメイ首相だが、欧米で英国政治を専門にウォッチしている人たちのなかには、彼女のことを「bloody difficult woman」と呼んでいる人がいる。これは「へこたれない、したたかな、ひと筋縄ではいかない難しい女性だ」という意味である。

批判的な表現に思われるかもしれないが、かつてサッチャー首相に対して使われていた言葉でもあり、実際には誉め言葉のニュアンスが強い。

キャメロン前首相が国民投票に乗り出したころには、国務大臣を務めるメイがまさか国を率いることになるとは、誰も想像していなかったに違いない。しかし、危機的な状況になると、このような強い女性が首相として登場してくるのが英国の潜在力ではないかとさえ思わせるのである。ただし、今回の総選挙における敗北という誤算で、「氷の女」メイの弱点もみえる。怜悧《れいり》で筋を通す一方で、温かみに欠け、友達がいないというのである。歴史は彼女にいかなる役割を担わせるのであろうか。

そして、英国が立ち向かおうとしている課題は「世界はグローバリズムとユーロリベラリズムの限界をどう克服するのか」というテーマでもあり、「格差と貧困」を解消するための社会的価値座標の再構築の試みでもある。冷戦後の世界において加速したグローバル金融資本主義の肥大化とそれがもたらした不条理、すなわち世界中の国が「経済成長」を求めて実力以上の財政主導、消費刺激を続けることの影の問題にいかに挑戦するかの実験でもあり、その脈絡でも注目せざるをえないのである。試練の時こそ、つくり上げてきたネットワーク、蓄積、資産がものをいう。民族の英知、ポテンシャルとはそういうものである。英国の真価が問われる。

おわりに——英国への思い

この本の「おわりに」を香港の九龍サイドのホテルで書いている。今から一一七年前、英国留学に向かう夏目漱石が香港を通り、夜景の美しさを妻への手紙に「満山に光の宝石を無限に散りばめた」と書き送ったことは第二章でも触れた。私はリッツ・カールトン・ホテルの地上一一八階という地上四九〇メートルの「天空のプール」で泳ぎながら、香港島の満艦飾のような夜景を眺めている。この香港、英国が中国に返還して二〇年が経った。あの頃、「香港＝長崎出島論」という解説があって、中国専門家の中には「香港返還後は上海が中国の国際中核都市になり、香港は機能を失い没落するだろう」という見方の論者もいた。ところが、結局、香港は没落しなかった。

昨年、二〇一六年の一人当たりGDPにおいて、日本は三・九万ドルであり、もはやアジアの先頭を走る豊かな国ではない。シンガポールは五・三万ドル、香港は四・四万ドルであり、かつて英国の植民地だったこの二つの国と地域がこれほどまで豊かになっているという事実は重い。ＧＤＰとは付加価値の総和であり、さしたる工業生産力もない国が「ものつくり」ではなく、サービス、金融、情報、物流で付加価値を生み出し、国民を豊かにしている事実に注目したい。つまり、あらゆる知恵を駆使して付加価値を創出しているわけで、その知恵を生み出す触媒が「ネットワーク」である。

この本は、四〇年以上にわたる私の英国に関する観察と考察の集約である。そして、英国のポテンシャルを問い詰め、「ユニオンジャックの矢」という視界で英国が形成してきたネットワークの持つ意味を抽出したものである。この本に先行して、ＮＨＫ出版から『大中華圏――ネットワーク型世界観から中国の本質に迫る』（二〇一二年）を刊行したが、「ユニオンジャックの矢」と「大中華圏」の相関で世界を捉えれば、さらに見えてくるものもあるはずだ。歴史の蓄積と相関の中で、世界を知る力を研ぎ澄ますこと、それが重要である。

イギリス魂、イギリス人のユーモア感覚

さて、さまざまな視界からイギリスを論じてきたが、「イギリスが好きか」と聞かれたなら

ば、即座に「好きですね」と答えるであろう。００７シリーズのジェームズ・ボンドがどんな決定的ピンチに追い込まれても、さりげないジョークを言い続ける落ち着き、さらにロンドン五輪の開会式のセレモニーに、そのジェームズ・ボンドとエリザベス女王が空から式典にパラシュートで飛び降りる演出をする洒脱さ、その感覚がイギリス人ならではというべきなのだろう。

「英国紳士」、ジェントルマンという言葉があるが、もともと「階級社会」の英国において、厳密に言えば「封建身分において、ナイト（騎士）とエスクワイア（騎士の従者）より下位、ヨーマン（独立自営農民）より上位で貴族には含まれない階層」ということになるのだが、時代とともに概念が広がり、「自立した中間層」として英国社会の中核的担い手という意味になったといえる。そのイギリス紳士のいぶし銀のようなユーモア感覚、現実と対話しながら、粘り強く回答を求めていく意思。理念に走るのではなく、ほどよく妥協していく柔軟さ。決して深刻にならず、歴史の中から身につけてきた知恵で軽妙に落としどころを見出すしなやかさ。それがイギリス人のスピリットだといえよう。

小林章夫の『イギリス紳士のユーモア』（講談社現代新書、一九九〇年）という面白い本があるが、チャーチルの痺れるような小話が秀逸である。悪戯っぽく微笑むチャーチルの顔が浮かぶようである。

「……アスター子爵夫人が、チャーチルに向かっていった。

『もしあなたが私の夫でしたら、コーヒーに毒を入れますわよ』

チャーチルは答えた。

『もしあなたが私の妻だったら、飲んでしまうでしょうな』……」

フランスの英文学者ルイ・カザミヤンの『イギリス魂——その歴史的風貌』（原書一九二七年、社会思想社、一九七一年）は、フランスの知識人から見たイギリス的性格の捉え方として興味深い。英国は、長いことフランスとの緊張関係を基盤に自らのアイデンティティーを確立してきたともいえる。英仏海峡は重いのである。カザミヤンは次のように述べる。

「……イギリス的性格の中で最も深い、最も中心的なものは、現実に強く適応し、現実と直接に接触している一つのエネルギーである。この現実と密着する理由は明確で、有用なものとの同化と吸収、同時に自我の拡大と実現である。……」。

つまり、理念と美意識に邁進しがちなフランス人からは、経験論的に現実主義に向かう英国人がこう見えるということなのであろう。

カザミヤンの本は一九二七年というから、第一次世界大戦と第二次世界大戦の戦間期の作品で、まだナチスによるフランス占領も、英米によるそこからの解放も経験していない段階のものである。その本の最後に「イギリスの風貌」についてカザミヤンは語る。

「平穏な時にあっても、不安な時にあっても、素朴で平静で、自若としている一つのエネルギー、無言で自己を表に出すことを嫌う一種の英雄主義、これこそが……イギリスの風貌が与える印象である。我々はそこに、イギリスの克己主義（ストイシズム）の最も良い面と勇気ある忍耐力、そして理解を受ける正当な権利をも隠そうとする男らしい恥じらいを見出す。……」。この「男らしい恥じらい」こそ、チャーチルとイギリスに重ね合わせるイメージなのかもしれない。

もう一度、あの話を思い出しておこう。一九五七年一〇月二二日にドーバー海峡が濃霧で通行が途絶したときの「ロンドンタイムス」の見出しの話である。なんと、「海峡に濃霧、大陸孤立（Heavy Fog in the Channel. Continent cut off）」だったというのである。イギリスが大陸から孤立していると見るのが常識なのだろうが、大陸のほうがイギリスから孤立していると平然と言い切る心理、もちろんイギリス人らしいジョークでもあろうが、あくまでイギリス中心的なものの考え方をする。それがイギリス魂の重奏低音であろう。

英仏海峡トンネル

さて、因縁の英仏海峡がトンネルで繋がって二三年が経った。ナポレオンの時代、一八八〇年に着工されたが中断、さらに一九七四年にも再び着工されたものの中断という歴史を繰り返したが、ついに完成して四半世紀が経とうとしているのである。

全長四九・二キロメートル、一九八七年に着工、九四年五月の開通となった。日本人としても、日本の三九の銀行が融資に参加、日本のトンネル工法技術が工事を支えたこともあり、遠い欧州のこととは思えない関心を集めた。私にとっても、ロンドン－パリ三時間は魅力で、空港への行き来を考えれば、中心部に直接乗り入れるユーロスターは便利であり、これまでに三〇回以上は利用してきた。

このユーロトンネルを巡っても、辛辣なジョークが飛び交う。そもそも、なぜ英仏海峡トンネルを掘るのか。「再び、フランスにドイツが攻めてきたときに、フランスが逃げられるように掘っているのだ」というジョークがある。フランスはフランスで、英国の文化はレベルが低く、粗野で野蛮だとバカにしている。「実力以上にポンドを高くして、パリで美味いものを食べ、洗練されたファッションを手に入れるためのトンネルだ」と切り返してくる。
「英国の料理本は薄く、フランスの料理本は厚い」というフランスのジョークに対して、「戦争の栄光を語った本で、英国のは厚く、フランスのは薄い」という逆襲も当たっていないともいえない。

イラク攻撃の前に不参加を決めたフランスに対して、「フランスは英国とアメリカが救わなければ、ナチスさえ追い払えなかっただろう」と、アメリカのラムズフェルドが言ったことがある。「あの人たちは、ナチスのときも俺たちが行かなければ何もできなかった。常に行動しないんだ」と言ったので、フランス人が激怒した。助けてもらっても、サンキューと言わないのがフランス人であり、典型はド・ゴールである。感謝の言葉もなく、NATOにも入らなかった。昔のことだと言わんばかりで、この欧州の微妙な力学がユーモアのセンスにも現れる。

ところで、英国の国旗ユニオンジャックは、イングランドとスコットランドとアイルランドの旗を組み合わせて作ったものである。イングランドの旗は白地に赤い十字の部分、スコットランドの旗は青字に白い斜めの十字の部分、アイルランドの旗（正確には有力諸侯の旗）は白地に赤い斜め十字の部分である。まず、一七〇七年にイングランドとスコットランドが統合し、一八〇一年にアイルランドが統合して、今日のような旗のデザインとなった。船首に掲げる旗をジャックスタッフと言い、そこに三つの地域の統合（ユニオン）を象徴する旗を掲げたことから、ユニオンジャックとなった。そして、この旗は一九世紀・二〇世紀と七つの海を越えてたなびいてきた。

もし、スコットランドが英国から独立したならば、ユニオンジャックから青の部分が消えることになる。二〇一五年の総選挙では「独立」を主張する地域政党・スコットランド民族党が五四議席に躍進、二〇一六年の国民投票に際しては「独立してもEU残留」という意図で、スコットランドの有効投票の六二％がEU残留を支持した。スコットランド自治政府は独立を目指して、二〇一四年に続いて二度目の独立を問う住民投票を行おうとしている。そして、二〇一七年の総選挙では、スコットランド民族党が一九議席も失う結果となり、第七章に述べたごとく、メイ政権にとって悲惨な敗北の総選挙の中で唯一救いの展開となった。

前途多難なメイ政権であり、メイが政権を維持し続けるかも不透明である。だが、どんなに混迷しても、その中から知恵のあるリーダーが台頭し、役割を果たす仕組みが機能しているのが英国である。議会における議論、メディアにおける議論の質を注視していると、英国では本当のこと、本質的なことが論じられているといえる。例えば、ブレア政権下でイラク戦争に英国が加担したことについても、責任ある検証を行い、しっかりと歴史に教材を残す努力をしている。ここが決定的に日本と違うところである。

ＥＵ離脱を決めたこれからの英国が、試練の一〇年を迎えることは想像に難くない。英国が苦難の時を迎えるとき、多くの英国人が思い起こすのが「アーサー王の物語」である。大ブリテン島の守り本尊として、神話と想像力の産物であるアーサー王は、英国人のアイデンティティを高める存在なのである。五世紀後半から六世紀にかけて、英国がローマの属州としてのブリタニアだった頃、「サクソン人に抵抗したローマ化されたブリトン人」、もしくは「ブリトン化されたローマ人の将軍」の物語が、人々の夢物語と一体化して民族的英雄詩となっていったといわれ、この伝承の中に英国人の心象風景があるといってよかろう。これが中世のキリスト教的騎士の理念型と二重写しになり、勇気、礼節、忍耐、忠誠という価値を体現するリーダー像となって昇華されていったと思われる。新たな時代のアーサー王は現れるのか。私は「国民を信じること」と語ったチャーチルの意思を思い出しつつ、英国が新しい国家モデルを示してくることを期待している。

この本は、二〇一六年のブレグジットを経て、迷走する英国をどのように認識すべきか、九段下の寺島文庫での数十回にものぼる議論の積み上げの中から、問題意識を練磨し、作品としての輪郭を形成したものであり、そのプロセスに粘り強く並走し、資料収集、文献集積、原稿校正などに協力してくれた日本総合研究所会長室、および寺島文庫のスタッフ、そしてＮＨＫ出版の大塚幸雄氏、水野哲哉氏、白川貴浩氏、そして編集協力の三好正人氏には感謝したい。

引用文献については、本書の文中に可能な限り記述した。また、参考文献は寺島文庫所蔵の五万冊を超す文献から吸収した視界も少なくないが、本書の性格を考え、文献目録は割愛した。

二〇一七年六月

寺島実郎

装丁　トサカデザイン（戸倉巌、小酒保子）
カバーイラスト　山田博之
カバー写真（イギリス国旗）　getty images

資料協力　日本総合研究所、三井物産戦略研究所
校正　鶴田万里子
組版　㈱ノムラ
図版作成　原清人

ユニオンジャックの矢　大英帝国のネットワーク戦略

2017(平成29)年7月25日　第1刷発行
2023(令和5)年2月5日　第3刷発行

著　者　寺島実郎

発行者　土井成紀
発行所　NHK出版
〒150-0042　東京都渋谷区宇田川町10-3
電話　0570-009-321(問い合わせ)　0570-000-321(注文)
ホームページ　https://www.nhk-book.co.jp

印　刷　啓文堂・大熊整美堂
製　本　ブックアート

Printed in Japan　ISBN978-4-14-081717-9　C0033